JN057733

デジタル時代の「血液型と性格」

AIと60万人のデータが開けた秘密の扉

A New Statistical Guide to Blood Type Humanics (2nd Edition)

金澤正由樹

Kanazawa Masayuki

鳥影社

まえがき

血液型と性格に関係があるなんて、何の根拠もない非科学的な俗説だと思っていませんか。心理学者や精神科医のような専門家も、そのとおりだ、完全な迷信だと口を揃えて主張しています。これがいままでの、「大人の常識」というものでしょう。しかし、この常識は近い将来一変するかもしれません。なぜなら、いくつかの英語論文は、**否定的な論文よりレベルの高い学術誌**に掲載されているからです。こうなると、肯定論と否定論の立場は完全に逆転し、「血液型と性格は関係がある」ことが科学的な事実として認められることになります。参考までに、私の論文は査読を通ったものと、査読前論文＝プレプリントの2種類が公開されていて、誰でも無料で読むことが可能です。2021年9月末現在の閲覧回数は、約1万7千回となりました。

これらの論文の多くは、デジタル時代にふさわしく、ＡＩなどの最新ＩＴをフル活用しています。本書は、そういう論文を、一般向けにわかりやすく解説し、スペースの関係で書ききれなかった点などを補足する目的で書き上げたものです。使ったデータは、前著『「血液型と性格」の新事実』の倍の60万人と大幅にパワーアップ。過去の否定論を簡単に打ち破ります。

血液型についての解説書といえば、武田知弘氏の近著『本当はスゴイ！血液型』が有名です。ある程度の年齢のかたなら、能見正古比氏の『血液型人間学』をわくわくしながら読み進めた経験がある人も、決して少なくないと思います。武田氏や能見氏の本が魅力的なのは、きちんと統計をとって、**証拠（エビデンス）に基づいて分析している**ところです。そして、なぜそうなるのかという理由も、様々な角度から科学的に解明しようとしている点です。

本書の構成ですが、前半の第一部では、単なる血液型の特徴の説明にとどまらず、スポーツ、政治、カルチャー、愛情、恋愛などの様々なシーンのデータ分析を行いました。そしてまた、のべ6千人ものデータを使った、ＡＩ血液型予測の手法と結果について説明します。

ＡＩによる血液型予測は、**血液型に興味があるグループに限ると、約45%の人の血液型を当てることができました。**なんだ、半分も当たらないのか……とがっかりするかもしれません。しかし、これは完全に偶然の場合の確率である4分の1（血液型はA、B、O、ABの4種類）、つまり25%よりはずっと大きく、それなりに満足できる結果だと思います。AI予測の正解率は、性別や年齢を無視すると大幅に低下します。これで、血液型の影響は、男女や年齢によって相当違ってくることがわかりました。

続く第二部では、心理学者などの「専門家」の主張を、大規模調査と最新の統計ソフトを駆使して、あっさりと論破します。ずばり、否定論はすべてウソだったのです。理由はまさに「コロンブスの卵」でした。なぜ誰も考えつかなかったのか、まったく不思議というしかありません。

実は、**日本のどんな調査でも、自己報告の性格なら血液型による差が必ず出ているの**です！　理由は本当に単純で、日本人の約70%が、血液型と性格の関連性を感じているからです。それなら、アンケート調査で「几帳面（A型）」「マイペース（B型）」などの有名な特性を質問すれば、必ず血液型によって差が出るはずですよね。なにしろ、7割の人が関連性を感じているのですから……。

現実もまさにそのとおりでした！　いままでに蓄積された**何十万人ものデータが、見事に血液型と性格の関連性を実証しています**。私の手元には、現在最大規模と思われる長崎大学の武藤・長島氏ら（当時）の科研費報告があります。武藤氏らは、トータル23万人（推定）のデータを解析し、「血液型と性格の関連性」が確認できたと結論づけています。その他のものも加えると、最初に書いたように、少なくとも60万人程度のデータの裏付けはあると言っていいでしょう。また、以前から気になっていた数々の興味深い現象――たとえば、**個人ごとの「性格感度」（性格の感じ方）の違いや、心理学の性格テストは血液型には役に立たないこと**――を実データで確認できたのは大きな収穫でした。これから研究が進めば、いままでのアナログ的な心理学は、抜本的な変革を迫られることになるのかもしれません。

血液型物質は全身に分布しているため、気質や性格だけではなく、体質にも密接に関係します。たとえば、新型コロナウイルスは、A型が感染しやすく、O型は感染しにくいのです。このニュースは、欧米や中国を含め、一気に世界を駆け巡りました。このように、血液型は非常にタイムリーでホットな話題なのです。

本書の前身は、2年前に出版された拙著『「血液型と性格」の新事実』となります。当初は、最新のデータに更新する程度の改訂版にするつもりでしたが、英語論文を書き上げる中で新発見が続出したため、序章、第五章、そして第二部以降を大幅に書き直しました。月並みな表現ですが、最新テクノロジーの威力には本当に驚くべきものがあります。まさか、個人が気軽に何千人ものデータを自由自在に統計分析できるとか、その結果を翻訳ソフトで英語論文にして学術誌に投稿するようになる……などとは夢にも考えていませんでした。まさにかつてのＳＦが現実化したかのようです。そこで、新しい時代にふさわしいタイトルに変えることにし、デジタル時代に世界に情報発信するという意味を込めて、『デジタル時代の「血液型と性格」』と改題しました。より厳密な分析・論証、あるいは生データに興味がある方は、ぜひ私の英語論文をご覧ください。

なお、本書を上梓するに当たって、一般社団法人ヒューマンサイエンスＡＢＯセンターのご了承をいただき、血液型と性格のパイオニアである能見正比古氏の著作から、数多くの引用と転載を行いました。本書の多くでは、能見氏の原文を「そっくりそのまま」使っています。当時の雰囲気を味わっていただくため、意図的にそうしているのです。お骨折りいただいた同センターの市川千枝子所長には、この場を借りて深く感謝を申し上げます。そしてまた、英語論文で大変お世話になった、オレゴン州立大学のQinglai Meng教授と、ＡＩ香港の共同設立者である王華（Fred Wong）氏、そして快く著書の引用を承諾いただいた唐狸氏に謝意を表します。

巻末に東京オリンピック全メダリストの血液型を収録しました。選手の表情や行動から血液型の特徴を読み取っていただけると、いっそう興味が湧くと思います。

能見正比古氏の処女作『血液型でわかる相性』出版50周年のデジタルの日に

２０２１年10月10日　　著者記す

本書では、一部で敬称を省略させていただきました。
また、引用文は上下に線をひきました。

デジタル時代の「血液型と性格」

AIと60万人のデータが開けた秘密の扉

目次

序章　はじめに

はじめに

血液型といえば、まっさきに性格との関連性が話題になります。その一方で、いわゆる「血液型性格診断」は完全なニセ科学だとして、頭ごなしに否定する人も少なくありません。

関連性に懐疑的な人は、「血液」の多少の違いが「性格」に影響するはずはない、そんなのは非科学的だといった強い固定観念を持っています。心理学者などの心の専門家が、繰り返し「血液型と性格の関連性」を否定してきたことも、この大きな理由でしょう。

しかし、武田知弘氏の『本当はスゴイ！血液型』を読んだ人や、能見正比古氏の[★1]『血液型人間学』を読んだ人なら、どう考えても偶然とは思えない、まさに「奇跡的」といえる数字のオンパレードを目にしているはずです。しかし、こんな不毛な議論は、ＡＩなどの最新のデジタル技術の進展や、サンプル数が万単位に急拡大したことにより、すっかり過去のものになってしまうのかもしれません。

では最初に、準備体操として、日本人の代表である首相の血液型から話をはじめることにします。

首相の血液型

新首相の岸田文雄氏はＡＢ型です。しかし、最近まで首相だった菅義偉氏はＯ型です。苗字の漢字は同じですが、読みは違う菅直人元首相もＯ型です。ひょっとしてＯ型は首相になりやすいのでしょうか。

答えは、なんとイエスです。次頁の表を見てみてください。菅首相も含め、歴代首相の血液型判明者は39人。このうち、Ｏ型は過半数の20人を占めています。もっとも、たまたま偶然でそうなったのかもしれませんね。しかし、首相にＯ型が多いのは偶然ではないのです。このことは、第二章の「首相はＯ型が過半数」で心理学者も「Ｏ型が多数である」と認めたように、れっきとした事実です[★2]。

念のため、最新のデータで再計算してみましょう。統計学を使って、Ｏ型が多い可能性を判断する「危険率ｐ」という数値を出してみると、４・７％という結果が得られま

歴代首相の血液型

2021年10月現在

O型（20人）1位　51.3%	A型（11人）2位　28.2%	B型（5人）3位　12.8%	AB型（3人）4位　7.7%
濱口　雄幸	若槻禮次郎	東條　英機	**宮沢　喜一**
鈴木貫太郎	**芦田　均**	**田中　角栄**	橋本龍太郎
東久邇宮稔彦王	**鳩山　一郎**	**竹下　登**	**岸田　文雄**
幣原喜重郎	**佐藤　栄作**	安倍　晋三	
吉田　茂	**三木　武夫**	**野田　佳彦**	
片山　哲	海部　俊樹		
石橋　湛山	宇野　宗佑		
岸　信介	**小渕　恵三**		
池田　勇人	小泉純一郎		
福田　赳夫	福田　康夫		
大平　正芳	**麻生　太郎**		
鈴木　善幸			
中曾根康弘			p = 4.7%
細川　護熙			
羽田　孜			
村山　富市			
森　喜朗			※**太字**は派閥のリーダー
鳩山由紀夫			
菅　直人			
菅　義偉			

す。[★3] この数字が5%を下回ればOKなので、やはり首相にO型が多いのは偶然ではありません。

O型によく言われている特徴は、「おおらか」「おおざっぱ」でしょう。しかし、菅首相がそうかというと、首をかしげる人が多いかもしれません。ここが血液型の実に面白いところで、全員が全員とも典型的なパターンに当てはまるわけではないのです。それは、男性は数学が得意で女性は国語が得意だ、日本人は集団で行動する、アメリカ人は明るい……といったステレオタイプはあくまで傾向で、全員がそうではないことと同じです。もっとも、私個人は、菅氏は実にO型らしいと感じているので、この点について説明することにします。

彼が他の政治家と大きく違うのは、そもそもトップになるつもりがなかったということです。彼は安倍首相のもとで官房長官を7年以上も務め、よき裏方として安倍内閣をバックアップしてきました。O型は、上司との関係が安定し、全面的に信頼されていると思えば、一心同体となって働きます。それが、安倍首相が健康問題で突如辞任することになり、71歳にもなって首相の座を射止めることになろうとは……本人でさえ「絶対にない」と信じていたでしょう。

ここで私は、すぐに豊臣秀吉を連想しました。秀吉は、本能寺の変で信長が急死しなければ、最高のナンバー2として歴史に記録されたはずです。A型とも言われる信長は、「天下布武」を旗印に、着々と全国統一という大事業を進めていきます。彼のやり方は、比叡山焼き討ちが典型ですが、一種のイデオロギーというか、ある意味宗教的とも言える信念や理念を感じます。しかし、秀吉にはそういうイデオロギー的な思考は乏しいようです。もちろん、これは一生を主君に忠実な最高のナンバー2として終えるつもりだった彼にとって、不要というか、あえて持たないようにしていた能力だったのかもしれませんね。

その代わりというべきか、主君から与えられた仕事を着実にこなす実務能力や行動力は、まさに驚異的です。特に印象的なのは、本能寺の変で主君信長の死を知ったときの「中国大返し」でしょう。当時として、これがいかに非常識なことであるのかは、播田安弘氏が著書『日本史サイエンス』で詳しく解説しています。岡山県の備中高松から京都の山崎までは、陸路だと約220キロ。この距離を、2万人が一気に行軍しなければいけないのです。シミュレーションによると、1日に必要な食料は「おにぎり40万個」と計算されました。それが、当時では絶対不可能なはずの「たった8日」で完了したのです。いまでこそ、200キロぐらいの距離なら、高速道路を自動車でふっ飛ばせば大した話ではありません。しかし、当時はそんな便利な交通手段はないのです。2万の兵隊は、武器を持って徒歩で移動しなければなりませんでした。槍、刀、鉄砲など、携行する荷物の重量は30キロもあります。しかも、移動日の8日のうち5日は雨だったとされています。光秀は、秀吉がこんな破天荒な行動をするとは露ほども思わず、何の対策もしていなかったようです。その結果が「三日天下」につながり、敗走中に農民に討ち取られて、無念の最期を遂げました。有名なストーリーなので、皆さんご存じのとおりです。

この点で、菅首相と秀吉には非常に共通するものを感じさせます。菅氏が自分のことを語るときの枕言葉「雪深い秋田の農家に生まれ、地縁、血縁のない横浜で、まさにゼロからのスタート」は、農民出身で地縁、血縁のない織田家に仕えた秀吉と同じです。そしてまた、彼の政治スタイルを表す典型的な言葉は、「実利」であり、政権の目玉となる政策には、安倍首相のような強いこだわりやイデオロギー色は感じられません。代表的なものは「ふるさと納税」「デジタル庁新設」「携帯電話料金の値下げ」「不妊治療の保険適用」「ＧｏＴｏキャンペーン」「原発処理水の海洋放出」「ワクチン大規模接種」ですが、どれも実務的なものばかりです。

岸田氏のＡＢ型性

岸田文雄氏は、首相としては珍しいＡＢ型です。Ｏ型が最も首相に多いのは、既に書いたとおりですが、AB型は絶対数が少ないだけではなく、人口比を考慮しても最下位でした。AB型の首相経験者は、宮澤喜一氏と橋本龍太郎氏の2人だけなのです。

彼の政治姿勢は、著書『岸田ビジョン　分断から協調へ』に詳しく書かれています。サブタイトルに「協調」とあるように、AB型リーダーは、多くの人の意見を聞いて決定する協調型が目立ちます。岸田派の若手議員によると、彼は「人の意見を受け止めるタイプのリーダー」とのことで、O型リーダーに比較的多い、トップダウン的な意思決定とは無縁のようです。

AB型でよくある別のケースは、社会正義や公平性の実現など、高い理念を掲げるパターンで、これは後述するアメリカ大統領で際立っています。割と最近では、AB型のオバマ大統領が典型で、「イエス・ウィー・キャン」という有名なフレーズを思い出す人も少なくないでしょう。日本人なら、石原慎太郎氏のようなタイプです。

AB型の顕著な特徴としては、人や権力から一定の距離を置くことも挙げられます。前述の著書に彼の政策が公開されていますが、政治家によくある、崇高な理念を高らかに掲げるといったものとは正反対なのが印象的でした。もちろん、自らの政権構想と明確なビジョン、そしてこれらを具現化するための一連の政策パッケージを示してはいますが、実に淡々としたトーンで書き綴られています。

この本には、他にも岸田氏のＡＢ型性を示すエピソードが満載で、特に興味深かったのは「個性を生かすワンチーム」で発見した次の部分です。それは、２０１９年に日本で開催されたラクビー・ワールドカップでのこと。大活躍した日本代表は、12カ国ものルーツを持つ選手が「ワンチーム」となり、ベストエイトまで進出しました。

なかには、日本語が満足に話せない選手もいて、チーム内で意思の疎通を図ることも簡単ではなかったはずです。ワンチームどころか、出身の地域ごとに分断されてしまってもおかしくないような集団でした。それが、**多様な「個」がそれぞれ最適の場所を与えられることによって、強い「全体」が生まれていたのです。私はそのことに強く惹かれました。**（前掲書　太字は著者）

岸田氏は、決してガリ勉の優等生ではなく、高校生活を野球に捧げたバリバリのスポーツマンです。「ワンチーム」の文字どおりの意味は、「一つのチームとして全員一丸となって頑張ろう」でしょう。ですから、多様性や個の尊重も大事ですが、必ずしも最優先ではないはずです。しかし、この本には、多様性の尊重が、「分断から協調」の根本ですとあり、少なからずＡＢ型テイストの内容に仕上がっています。もっとも、彼は「加藤の乱」など、数々の修羅場をくぐり抜けてきており、性格のすべてが血液型で説明できるわけはないのですが、ＡＢ型の基本的な傾向は変わらないと言えるでしょう。

都知事に多いＡＢ型

首相にＯ型が多いことは、これで納得していただけましたか。ところで、国政ではなく地方政治ではどうなのでしょう。そこで、次は日本の象徴とも言える、東京都知事の例を取り上げることにします。

さて、都知事のうち、現在血液型がわかっているのは、次の７人の方々です。

小池　百合子　Ａ型　（在任２０１６年—現在）
舛添　要一　　Ｏ型　（在任２０１４—２０１６年）
猪瀬　直樹　　ＡＢ型　（在任２０１２—２０１４年）

石原　慎太郎　ＡＢ型　（在任１９９９―２０１２年）
青島　幸男　　ＡＢ型　（在任１９９５―１９９９年）
鈴木　俊一　　Ｏ型　　（在任１９７９―１９９５年）
美濃部　亮吉　Ａ型　　（在任１９６７―１９７９年）

不思議なことに、Ｂ型はゼロで、Ａ型とＯ型がそれぞれ２人。そして、血液型がわかっている７人中、なぜかＡＢ型が一番多くて３人。しかし、ＡＢ型は日本人で最も少ない血液型です。割合はたったの９・４％。つまり10分の１以下なのです。それが、日本の首都の顔ともいえる、都知事の半分近くを占めるというのは、「単なる偶然」という一言で片付けられないですよね。では、こんなことが起きる確率はどのぐらいなのでしょう？

残念なことに、この問題も単純な算数では解けません。数値を正確に計算するためには、少々専門的になりますが「カイ２乗検定」という統計的な分析が必要になります。なお、この方法は首相の血液型で使ったものと同じです。面倒な計算は省いて、結果だけ示しておくと、この数値[★3]ｐは１・８％です。つまり50分の１以下ということで、かなり小さな数字です。繰り返しになりますが、これの数値が5％未満だと偶然ではないとみなします。たった7人でこの確率ということは、ほとんどありえない出来事が起きたということです。

では、なぜＡＢ型が多いのでしょう？

現在の都知事には、地方の政治家というよりは、理想を高く掲げる「スター」的な雰囲気が漂っています。つまり、その人がいると希望が湧いてくるとか、周りが明るくなるような人柄が求められるのです。言い方は悪いのですが、日本最大の「人気投票」ですね。こういう場合にはＡＢ型とＡ型が強くなります。

ここでは、血液型と性格のパイオニアである、能見正比古氏の『血液型政治学』から説明を拝借します。

私は、スター性という問題が、政治学の新しい課題になると思っている。情報化時代に特有なもので、カリスマ性とも、やや異質である。そして、ＡＢ型のスター性が、このようにアイドルスターのそれに近い。O型やB型のスターのように人間性が浸透した結果、高揚すると言った時間のかかるものではない。イメージによって瞬間に沸き起こる。それは人間性を詮索して好悪を決める物ではなく、逆に人間くさくない方がいいのだ。ＡＢ型は人間臭さの強度では一番淡い。それが逆に、このようなスター性を生むのであろう。（２２６頁）

同じ傾向は、ＡＢ型が多いアメリカ大統領にも共通します。アメリカ人のＡＢ型は、日本の半分以下の４％です。つまり、人口比では東京都知事よりさらにＡＢ型が突出しているのです。本格的な分析は第二章をご覧ください。

大富豪は全員Ｏ型

もう一つ特徴的な例を出しておきましょう。実は、最近のトップクラスのお金持ちの血液型はＯ型ばかりなのです！

論より証拠で、最新の「フォーブス世界長者番付２０２１」の上位10位までを見てみることにします。

【日本の血液型判明者】
1位　O型　孫 正義　　454億ドル（ソフトバンク）
2位　O型　柳井 正　　441億ドル（ファーストリテイリング）
6位　O型　三木谷 浩史　67億ドル（楽天）
7位　O型　似鳥 昭雄　52億ドル（ニトリ）

【血液型不明者（10位まで）】
3位 滝崎武光、4位 永守重信、5位 高原豪久、8位 重田康光、9位 伊藤雅俊、10位 森章

血液型のわかっている人だけピックアップしてみると、なんと全員がO型でした。日本人のO型は30・7%です。計算してみると、これらの4人全員がO型である確率は、たったの0・88%。言い換えれば、なんと110分の1の確率です。さすがに、宝くじの1等に当たるよりはずっと確実ですが、単なる「偶然の偏在」ということでは説明できません。そこで、調子に乗って上位30位までを調べてみました。

12位　O型　三木 正浩　　３９億ドル（ABCマート）
18位　B型　山田 進太郎　２２億ドル（メルカリ）
20位　A型　福嶋 康博　　２０億ドル（スクウェア・エニックス）
21位　O型　前澤 友作　　１９億ドル（ZOZO創業者）
25位　A型　藤田 晋　　　１６億ドル（サイバーエージェント）

上位5人全員がO型の確率は0・27%で、３７０分の1の確率となりました。相当小さい確率と言っていいでしょう。

注意しないといけないのは、血液型不明者が過半数ということです。ですから、断言するにはもう少し詳しい調査が必要となります。もっとも、ここまで極端だと、大富豪にO型が多いということは、ほぼ確定だとは思いますが……。

ふと思いついて、日本だけではなく、世界の上位20位までの血液型判明者も調べてみました。ただし、アマンシオ・オルテガ氏は確認が取れていないので「？」マークを付けてあります。

【世界の上位20位までの血液型判明者★4★5】
4位　O型　ビル・ゲイツ　1240億ドル（マイクロソフト）
5位　O型　マーク・ザッカーバーグ　970億ドル（フェイスブック）
6位　O型　ウォーレン・バフェット　960億ドル（バークシャー・ハサウェイ）
11位　O型？アマンシオ・オルテガ　770億ドル（ザラ）
15位　O型　馬化騰　658億ドル（テンセント）
20位　O型　マイケル・ブルームバーグ　590億ドル（ブルームバーグ）
〈参考〉O型　スティーブ・ジョブズ（アップル）

アメリカ人のO型は45％、日本人のO型は30・7％なので、11人全員がO型である確率は、ざっくり0・00023％。言い換えれば、なんと4万4000分の1の確率です（0・45の6乗×0・307の5乗＝4万4000分の1）。こうなると、世界中の大富豪はO型ばかりなのかもしれませんね。

この傾向は、どうやら中国でも変わらないようです。手元の資料では、中国人のIT

長者でもなぜかO型が目立っています。

【参考情報・中国人のIT長者[★5]】

O型　馬雲（アリババ）

O型　劉強東（京東集団）

O型　馬化騰（テンセント）【再掲】

ところで、血液型別の金銭感覚として一般的に言われているのは次のとおりです。

【O型】

確かな現実感覚を持っており、金銭の管理運用は巧み。一見、豪快に見えても、締めるべきところは締め、着実な財産形成を目指す。人間関係を形成するための支出は惜しまない。

【A型】

完全主義で、注意も行き届くので、一円のミスも気になりがち。しかし、お金は生活をエンジョイするために使うべきだと思っているので、細かく管理する割にはあまり残らない。

【B型】

何でも自分で決めるのが好きな性格なため、予算を決めるのも好きである。他人の目を気にしないため、合理的すぎてケチに見られることもある。管理は大ざっぱなことが多い。

【AB型】

きちんと社会参加ができ、安定した生活を望んでいるため、管理も運用もそつなくこなすことが多い。しかし、それほど金銭欲がないため、大きく儲けようという意欲は少ない。

（拙著『統計でわかる血液型人間学入門』）

４種類の血液型のうち、お金持ちが多いのは「金銭の管理運用は巧み」なO型かなという気もします。もちろん、すべてのO型が孫氏や柳井氏ではありませんし、仮にあなたがO型でなくとも、がっかりすることはありません。というのは、日米1万人を調査した大阪大学の調査[★6]によると、人々の資産の額は、血液型による差はほとんどなかったからです。平均すると、どの血液型がお金持ちということはないのです。ただ、孫正義氏やビル・ゲイツ氏のように、世界や日本のウルトラトップ級になると、血液型の影響が非常に強く現れることになります。

性格テストでは差が出ない

ここまで読み進めていただいた読者の中には、こんなにはっきりと差が出ていることに驚いた人がいるかもしれません。それなら、「血液型と性格」は、心理学で簡単に検証できるのではないかと不思議に思っている人も多いのではないでしょうか。少し事情に詳しい人は、心理学の性格テスト（注：心理学では正式には「性格検査」と言います）では、明確で一貫した血液型の差が出ていないことを知っているかもしれませんね。まさしくそのとおりです！

多くの人々、具体的には日本人なら7割程度の人が血液型と性格の関連性を感じています。[★7]しかし、この感覚的な差や関連性を心理学的に測定しようとしても、いままでの方法でははっきりとした結論が出なかったのです。これは、普通の人の肌感覚と「科学」である心理学のどちらを信じるかという問題です。まあ、アカデミックな人が信用するのは科学とされる後者でしょう。これが、いままで血液型と性格の関連性が認められなかった最大の理由です。しかし、それは従来の心理学が、紙の用紙に鉛筆で記入し、結果は電卓で集計する……といったアナログ的な手法を使っていたからです。

デジタル時代となった現在、科学的な結論は正反対となりました。これから説明しますが、性格検査は、血液型＝遺伝子が性格に与える影響を測定する方法として、ほとんど役に立たないことがわかってきたのです。こういうと、「トンデモ」だと勘違いする人もいるでしょうが、数学理論、特に統計や線形代数に詳しい人なら、これからの私の説明に納得してもらえると信じています。

26万人の性格テスト

実は、性格検査が役に立たないことを強力に裏付ける「ネイチャー」の論文があります。[★8]この論文では、白人を中心とする**26万人分のＤＮＡと性格検査の数値の相関を分析**

しました。細かいことをいうと、分析されたのは「ビッグファイブ」という性格検査の結果になります。

結果ですが、統計的に6種類の遺伝子との関係が認められ、それが偶然で起きる確率（前出の危険率p）は100万分の1程度以下と極めて小さいのです。まったく文句の付けようがないほど見事な成果が得られました。ところが……。普通、こういう論文には、その遺伝子がどの程度の影響力を持つのかという数値もきちんと書いてあります。しかし、本文をいくら読んでも、それらしき数値が見つかりません。ちなみに、私が読んだ数編の解説記事にもありませんでした。私は英語読解力がないのかなぁと、正直がっくり。しょうがないので、目を皿のようにして本文も資料も隅から隅まで読み込んで、やっと見つけることができました。そこには、影響力を示す数値R2は「0・0395」とあったのです。

最初は、てっきり4%だと早とちりしたのですが、もう一度よくよく読んでみると、単位はなんと「%」でした（39頁の写真）。つまり、人の**2万個以上とされるどの遺伝子も、性格に与える影響は、「0・04%以下」であり、言い換えれば誤差と見なせるほど小さい**ということになります。なお、第八章で説明しますが、私の行った4千人の性

Table 1

LD-independent genetic variants significantly associated with personality traits

Replication/Stage 2									Final combined analysis of stage 1 and stage 2		
23andMe replication (N = ~39,500)			deCODE (N = ~7,100)			UK Biobank (N = 91,370)					
β	SE	P-value	β	SE	P-value	β	SE	P-value	P-value	N	R^2 (%)
-0.051	0.051	0.313	−0.005	0.027	0.855				6.19×10^{-7}	123,132	0.0202
0.088	0.052	0.091	0.007	0.019	0.713				1.26×10^{-9}	169,507	0.0217
0.093	0.045	0.037	0.021	0.018	0.255				1.61×10^{-9}	169,466	0.0215
0.154	0.045	5.58×10^{-4}	−0.011	0.017	0.528				5.44×10^{-10}	169,507	0.0227
-0.177	0.051	5.09×10^{-4}	−0.037	0.021	0.077				9.54×10^{-15}	169,507	0.0354
-0.006	0.048	0.907	−0.005	0.018	0.777				1.89×10^{-6}	169,507	0.0134
0.138	0.042	1.05×10^{-3}	0.032	0.018	0.070	0.098	0.015	1.04×10^{-10}	3.17×10^{-24}	260,861	0.0395
0.002	0.047	0.966	−0.002	0.023	0.931	0.053‡	0.017‡	0.0015‡	9.16×10^{-9}	260,861	0.0127

格検査でも、血液型による統計的な差は確認できませんでした。つまり、性格検査で血液型＝遺伝子の差がほとんど検出できないのは、確定した事実と考えてもよいことになります。★9

性格テストは役に立たない

比喩的な説明になりますが、**性格検査は人間の性格のすべてを精密かつ正確に測定する方法ではありません！** 逆に、細かな差はほとんど無視して、大きな差である数種類の「性格因子」で人の性格をおおまかに表現する方法なのです。これは、人の体型を身長と体重だけで代表させるようなものです。
　もちろん、身長と体重が同じだからといって、同じ体型とは限りません。胸囲や座高など、体型に関しては、ほかにも測定する部分は山のようにあります。

　もう少し学問的に正確に説明しておきます。心理学では、何百何千の質問項目の候補から、数種類の性格因子と、何十種類かの実際に使う質問項目を抽出するために、「因子分析」「バリマックス回転」「プロマックス回転」といった数学的手法を使います。実際に計算した人ならわかると思いますが、このときには大きな差が出る項目だけが選択されるのです。反対に、血液型＝遺伝子のような相対的に小さな差は切り捨てられます。結果的に、性格検査の性格因子では、血液型だけではなく、遺伝子の影響はほとんど無視されることになります。だから、これまでに述べたような極めてショッキングな結果が得られることになるのです。詳しくは第八章で説明しますが、より厳密な論証が知りたい方は、ぜひ私の論文★10を読んでみてください。（☞３４２頁）

デジタル時代の心理学

デジタル時代になると、血液型と性格の関係があるかどうか、誰でも簡単に確認することができるようになります。私の手元には数千人のデータがあり、論文が登録されているサイトに無料で公開中です。★10 統計ソフト（たとえば高機能で無料のｊａｍｏｖｉ）を使うと、正味1分もかからずに計算が終了します。典型的な血液型の特性は「几帳面」「マイペース」ですが、すべての項目、つまり4種類の血液型のそれぞれ2項目、合計8項目のデータを分析した結果をちょっとだけ書いておきましょう。

この調査は、第五章でＡＩによる血液型予測に使ったものと同じもので、対象は20代から50代までの全国の日本人男女です。自分の血液型を知らなかった２５０人は除いたので、有効なサンプルは３７５０人となりました。どの質問も、自分の性格にとてもよく当てはまる場合は7、まったく当てはまらない場合は1の7段階での評価を行い点数化したものです。質問は血液型ごとに2問あるので、それぞれの点数の範囲は、最低2点から最高14点となります。次頁の上の表にあるとおり、**どの血液型も自分の血液型の**

特徴の点数が一番高くなっています。

念のため、血液型の「特性をまったく知らない」という６７６人（無知識グループ）と、血液型と性格なんか「まったく関係ない」という１２７６人（無関係グループ）だけの集計もしてみました。

特徴	全体 (3,750 人)			
	A	B	O	AB
A	**9.056**	8.066	8.068	8.428
B	8.434	**9.137**	8.502	8.599
O	8.051	8.273	**8.940**	8.102
AB	7.513	7.729	7.397	**8.670**

結果は下の表に示したとおりで、**関係があると思っていようがいまいが、血液型の知識があろうがなかろうが、どの血液型も自分の血液型の特徴の点数が一番高くなっています。これは、血液型と性格は関係しているという明らかな証拠です。**

ということで、拍子抜けするほど簡単に結論が出てしまいまし

特徴	無知識グループ (676 人)				無関係グループ (1,276 人)			
	A	B	O	AB	A	B	O	AB
A	**8.333**	8.236	8.112	7.597	**8.589**	8.356	8.248	8.177
B	8.491	**9.063**	8.689	8.236	8.618	**9.270**	8.796	8.323
O	7.863	7.741	**8.556**	7.889	8.156	8.076	**8.835**	8.038
AB	7.389	7.437	7.454	**8.194**	7.489	7.599	7.649	**8.123**

た。すばらしいと思いませんか？　まさにこれが、デジタル時代を迎えた心理学のあり方なのです！　おそらく、これからは誰も予想していなかった素晴らしい新発見・新事実が、続々と明らかになるはずです。いまさら、過去のアナログ時代の常識にしがみついていてもしようがありません。役に立たないということなら、自主的に退場してもらうべきではないでしょうか。

血液型と性格の関連性

そんな紆余曲折（うよきょくせつ）の末、徐々に血液型が体質や性格に関連していることが明らかになってきました。もっとも、前者の「体質」については、O型は出血しやすい[★11]とか、A型は新型コロナに弱い[★12][★13]とか、次々と論文が発表されて、関連性は科学的に実証されつつあります。

しかし、後者の「性格」について必ずしもそうではありません。その理由は、武田氏が著書『本当はスゴイ！　血液型』に述べているとおりです。私もまったく同感ですので、この本の「あとがき」から引用しておきましょう。

本書の本当のねらいは、問題提起です。

こんなに異常値が出ているのだから、専門家の方々、いつまでも逃げていないで、きちんと本格的な調査をしてください、という話です。

本書では、わかりやすい「血液型の偏在」の例をいくつも取り上げています。

確率統計を少しでも学んだ人であれば、「**絶対にありえない確率**」が何度も出てきていることに気づくはずです。

（196頁）

しかし、残念なことに、まだそういう本は出ていないようです。そこでトップバッターとして、とにかく打席に立ってみたのがこの本なのです。

★1　1971年に出版した『血液型でわかる相性』がベストセラーとなり、続いて1973年に『血液型人間学』を出版し、こちらも大ヒット。日本中に血液型の大ブームを巻き起こす。現在の血液型別の性格は、ほとんど彼の説がベースとなっているといっても過言ではない。1925年生、1981年没。

★2　大村政男・浮谷秀一・藤田主一『血液型性格学』は信頼できるか（第30報）Ⅰ―衆議院議員に血液型の特徴がみられるか―」『日本応用心理学会大会発表論文集』２０１３年

★3　確率統計で、その現象が偶然に起きたのかどうかを判断するための根拠となる数値で、危険率ｐと呼ばれる。普通は、この数値が５％未満の場合に、偶然ではない「有意」な差（有意差）があるとされる。血液型の場合は、「2項分布」「カイ2乗検定」「F検定」などがよく使われる。

★4　ビル・ゲイツ氏は、以前来日したときに記者団に血液型を問われ「O型」と答えた（出典は未確認）。ウォーレン・バフェット氏、マーク・ザッカーバーグ氏、スティーブ・ジョブズ氏の血液型は Answers.com による。マイケル・ブルームバーグ氏の血液型は、CBS New York の２０１１年3月9日付の記事の写真に、O型であることを示す「青」の血液パックが写っていたため。

★5　香港最大の無料紙である頭條日報による。https://kknews.cc/finance/eoka84r.html

★6　池田新介・大竹文雄・筒井義郎　選好パラメータアンケート調査（２００４年度日本）ＳＲＤＱ事務局（編）ＳＲＤＱ―質問紙法にもとづく社会調査データベース

—大阪大学21世紀ＣＯＥ〈http://srdq.hus.osaka-u.ac.jp〉ほか

★７　２０１５年11月８日放映のテレビ番組「日本のダイモンダイ」が、20万１１１９人の視聴者に向けて、「血液型と性格」についてのアンケート調査を行った。その結果によると、全体の68・８％が「血液型は性格に関係がある気がする」と回答している。

★８　Min-Tzu Lo, David A. Hinds, Joyce Y. Tung et al., Genome-wide analyses for personality traits identify six genomic loci and show correlations with psychiatric disorders, Nature Genetics, 2017.

★９　安藤寿康『「心は遺伝する」とどうして言えるのか：ふたご研究のロジックとその先へ』創元社　２０１７年

★10　https://advance.sagepub.com/articles/preprint/13336571
https://www.researchgate.net/profile/Masayuki-Kanazawa/research

★11　Wataru Takayama, Akira Endo, Hazuki Koguchi, Momoko Sugimoto, Kiyoshi Murata, Yasuhiro Otomo, The impact of blood type O on mortality of severe trauma patients: a retrospective observational study, Critical Care, 2018.

★12　Ryan L. Hoiland, Nicholas A. Fergusson, Anish R. Mitra et al., The association of ABO blood group with indices of disease severity and multiorgan dysfunction in COVID-19, Blood Advances, 2020.

★13　Severe Covid-19 GWAS Group, Genomewide Association Study of Severe Covid-19 with Respiratory Failure, New England Journal of Medicine, 2020.

まとめ

・日本の首相は、現在の菅首相をはじめとしてO型が多い。
・対して、自治体を代表する東京都知事にはA型とAB型が多い。
・日本も含め世界の大富豪はO型ばかりである。
・O型は、リスクを取って投資し、事業をマネタイズする能力が高いようだ。
・ただし、平均的な人で調査すると、お金持ちかどうかに血液型は関係していない。
・心理学の性格テストでは、理論的に血液型の差を測定することが困難である。
・血液型と性格に関係がないと思っている人を調べても、血液型と性格の知識がない人を調べても、血液型と性格に関係があるという結論になった。

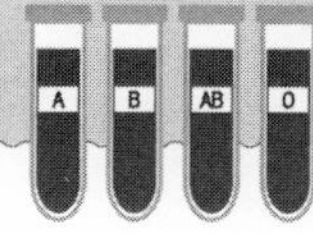

【コラム】決めつけだという決めつけ人間

能見正比古

「血液型で、何型はこういう性格だと決めつけるのがイヤだ」

と言う人がある。この言い方は、また、

「人間の性格は、血液型などで一がいに決められないと思いますがね」

となることもある。この反論には、全く困るのだ。反論にならないからである。つまり私の意見と、全く同じだからである。

本書『血液型活用学』を読まれてきても、前著の読者も、私が性格にさまざまの多様性と、変化の幅があることを主張し続けていることは、おわかりであろう。人間の性格の複雑多様は、血液型でなくても、どんなものを持ってきても、決めつけることはできないし、一がいに言うことはできない。血液型に対応する気質は、この多様の中から抽出した共通傾向なのである。

この反論を述べる人自身が、大へん決めつけ好きの人であることが多い。すでに〝血液型人間学〟は、性格を決めつけるものと、決めつけている。だから、その〝決めつけ〟を反対すれば、血液型人間学を否定できるものと**決めこんでいる**。

この人たちを含め、社会は何かにつけて、人や物ごとを決めつけ、決めこむ傾向がある。出身地、職業、家庭の差、何かの事件、人の噂……何でもとらえて、彼はこうだと決めつける。決めつけられたことは、容易に取り消せず、迷惑する人も少なくない。血液型を使っても決めつけることはできるが、それは、その人の決めつけ趣味のせいであって、血液型の責任ではない。

（能見正比古『血液型活用学』２６７頁）

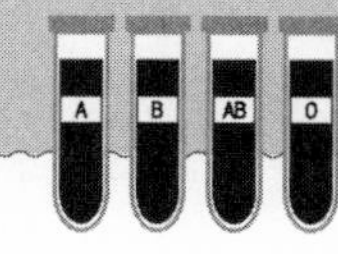

【コラム】血液型ジョーク

能見正比古

あいさつにも血液型の差がある。B型のわたしは、ふりかえってみると、親しい相手に開口一番、「メシ、食った?」と聞くことが多い。そういえば、B型の多い中国でも「おいしい食事をしたか?」が、あいさつの言葉であると、昔、聞いたことがある。A型の多い日本では、時候や天気があいさつになるのは、周囲や環境の状況を気にするA型性といえるかもしれない。

O型の友人たちに、つぎのようなことを、よく言われる。

「おい、どのくらい稼いだ?」

「本、売れたってネ。印税いくら入った?」

育ちの悪い連中だけではないのだ。大学時代の親友で、役所の、それも本省の局長を務める相手からも、堂々と聞かれる。

金銭や他人の収入は、だれにも関心の的である。だが、なんとなく言いづらいのがふつう。A型がそれを言うときは、皮肉のケース。B型は別の好奇心がつのったばあい。

ストレートで率直なO型は、包み隠さないだけなのだ。

わが家にO型の東大生が遊びにきた。良家の若者。大学ではブラスバンドのメンバー。たまたま血液型を検査する血清を入手したところだった。わたしの娘が、検査の練習台を求めていたが、だれも耳を切られるのをいやがって、応ずる者がない。いいカモが来たとばかり娘は彼を試験台にした。

「やっぱり、O型だわ」

娘が結果を述べると、O型クンは、ていねいに頭を下げた。

「タダで検査してくれて、ありがとう」

（1980年9月号）

第一部　統計で見る血液型と性格

第一部のはじめに

いよいよ本題である統計の話に入ります。読者の皆さんには、サッカー選手にはB型が少ないとか、ホームラン王にはA型が少ないという情報を聞いたことがある人がいるかもしれません。武田知弘氏の『本当はスゴイ！血液型』にはこうあります。

スポーツ選手の間では、**血液型によって得意不得意がある**ということが昔から言われてきました。あるスポーツの得意選手は、特定の血液型が独占状態になっていることは、スポーツ雑誌などでもたびたび取り上げられます。そういう現実が、「血液型と性格の関連性」についての世間の興味をより広めたといえます。（21頁）

ちなみに、日本人の血液型は、A型38・1％、O型30・7％、B型21・8％、AB型9・4％です。武田氏は、「確率的に言っても、**とても偶然では片づけられない**異常値を示している」とまで言い切っています。ここでは、少し違った視点からデータを見ていきましょう。

第一章　スポーツと血液型

サッカーは B 型が目立たない

現在、日本で最も人気があるスポーツはサッカーです。選手に血液型は影響するのでしょうか。次頁の表は、拙著『B型女性はなぜ人気があるのか―30万人のデータが解く血液型の謎』や、武田知弘氏の『本当はスゴイ！血液型』にも紹介されていたサッカーのＪ１の通算得点です。２０２０年末の通算得点でも、武田氏が指摘するように、やはり20位までにはB型が１人もいません！

日本人のB型は21・８％です。偶然に20人の日本人全員がB型でない確率は、わずか０・73％と１４０分の１。これまた奇跡的な確率と言っていいでしょう。

日本国内の試合だけではなく、海外での試合も調べてみましょうか。58頁にＦＩＦＡワールドカップの日本代表選手全員（１９９８―２０１８年）の血液型のグラフを示しておきます。さすがにB型はゼロではありませんが、４つの血液型中20人と最も少なく

Ｊリーグ通算得点ランキング 2020 年末

順位	血液型	選手名	点数
1	A	大久保　嘉人	185
2	A	佐藤　寿人	161
3	O	中山　雅史	157
4	AB	前田　遼一	154
5	A	マルキーニョス	152
6	A	興梠　慎三	147
7	O	三浦　知良	139
8	O	ウェズレイ	124
9	O	小林　悠	120
10	O	ジュニーニョ	116
11	O	エジミウソン	111
12	O	柳沢　敦	108
13	AB	遠藤　保仁	102
14	A	藤田　俊哉	100
14	O	渡邉　千真	100
16	AB	玉田　圭司	100
17	A	豊田　陽平	98
18	O	城　彰二	95
19	AB	武田　修宏	94
19	A	森島　寛晃	94
19	A	久保　竜彦	94

Ｊリーグ公式サイト より　O9 A8 B0 AB4 p≒0%

なっています。ところが、通算得点を調べてみると、B型はなんと「ゼロ」なのです。

1位　O型　10点
2位　AB型　6点
3位　A型　4点
4位　B型　0点

驚くべきこの結果は、セルビア人のスポーツトレーナーで血液型研究家でもあるSlobodan Petrovski氏の著書［市川千枝子氏との共著］に紹介されています。[★1]この本には、過去の日本のワールドカップでの代表的なフォーメーションが図解されています。確かにB型は得点を取りやすいようなポジションにはいないようです。これでは得点が難しいでしょう。

『本当はスゴイ！血液型』では、女子サッカーのデータも紹介されています。こちらは、「ほぼ日本人の血液型分布どおりの結果」（106頁）とあるので、最新のデータを調べてみないといけませんね。FIFAワールドカップ代表選手「なでしこジャパン」

ワールドカップ代表選手ランキング 男子全選手（1998-2018）人

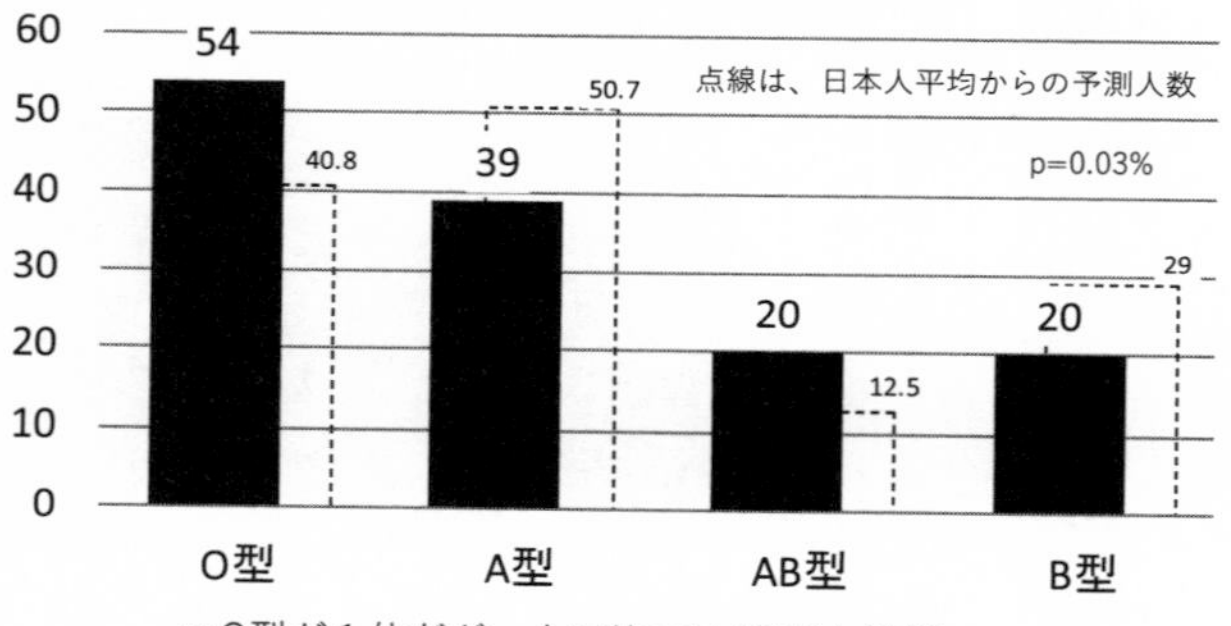

☞O型が１位だが、人口比ではAB型も健闘

ワールドカップ代表選手ランキング 女子全選手(1991-2019)　人

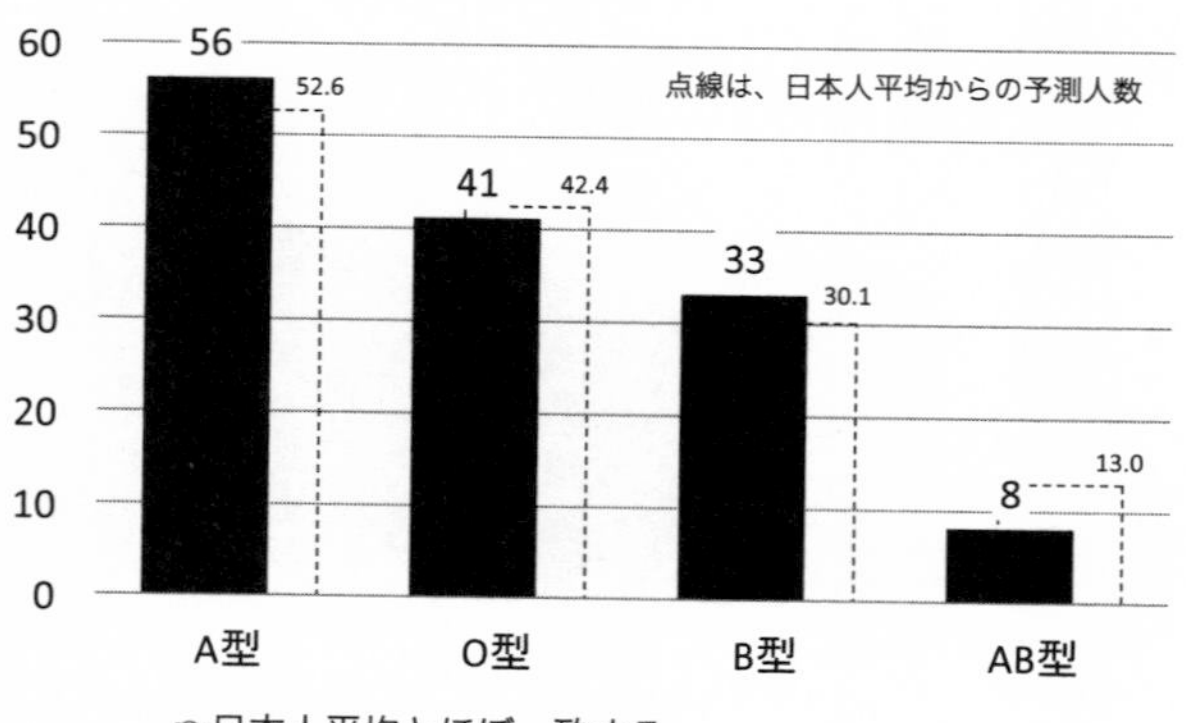

☞日本人平均とほぼ一致する

の全員の血液型を58頁のグラフに示しておきました。男子とは対照的に、多い順にA型、O型、B型、AB型となり、やはり日本人の血液型分布どおりの順となっています。

理由は、女子のサッカー人口が男子に比べると極端に少ないからでしょう。日本サッカー協会（JFA）の調査によると、2020年度の日本のサッカー選手登録数は81万8414人で、女子はその中でたったの2万7249人です。割合にすると、女子は全体のわずか3％だけ。3万人足らずの女子サッカー人口で「偶然では片づけられない偏在」が起こるのは、男子の例から考えると相当可能性は低いというしかありません。

もう少し詳しく説明しましょう。

現在、私の手元には、心理学者がJ1選手全員の血液型を調べたところ、何の特徴も見られなかったという報告があります。★2 J1に登録されている選手は何人かというと、2021年のデータでは594人です。つまり、男子サッカー人口の80万人余りを母数にして、そのなかからトップクラスの選手600人ほどを選んでも、血液型には何の特徴も見られなかったことになります。それが、ワールドカップ代表選手のように、毎回20人ほどの日本の最精鋭メンバーを選ぶことになると、やっとB型が少ないといった血液型の差が現れて来るのです。

繰り返しになりますが、女子のサッカー人口は約3万人で、男子の3％ほどです。これは、男子サッカー人口の80万人余りからJ1の594人を選ぶこととほぼ同じ割合です。ということは、FIFAワールドカップ女子代表選手「なでしこジャパン」の血液型が日本人平均と変わらなくとも、特に不思議ではないということになります。

B型が強い男子フィギュア

サッカーとは逆に、B型が多いスポーツもあります。意外だと感じられるかもしれませんが、それは男子フィギュアスケートです。次の数字は、2016年から2020年までの過去5年間の全日本フィギュアスケート選手権で、1回でも10位以内に入った選手の合計点数を調べてみたものです。

日本人のA型は38・1％ですから、上位入賞した10人のうち、A型が1人以下である確率は、5・9％。わずかに5％を上回りますから、統計的には有意ではありません。しかし、後述するように「偶然」とは考えにくく、A型が少ない傾向があるといっても

1位	B型	宇野 昌磨	1428.19点
2位	O型	田中 刑事	1244.28点
3位	B型	友野 一希	1143.07点
4位	A型	島田 高志郎	845.73点
5位	O型	山本 草太	646.10点
6位	O型	佐藤 洸彬	627.83点
7位	B型	羽生 結弦	602.13点
8位	O型	鍵山 優真	541.78点
9位	B型	無良 崇人	500.52点
10位	O型	佐藤 駿	483.02点

いいでしょう。

過去5年間に10位以上に入賞したA型は、のべ人数で7人しかいません。しかも、そのほとんどは1〜2回で、B型が安定して何回も入賞しているのとは対照的です。

もっとも、記憶力のいい人だったら、織田信成は祖先の織田信長と同じでA型だったんじゃないのかと文句を言うかもしれません。そこで、２０００年からのトップ3の血液型を調べたのが次の表です。

昔はA型が多かったのですが、２００６年からB型が増え始めました。現在はB型が多いことがはっきりわかります。やっぱり、最近はB型が優位なことには変わりありません。なぜか、女子には男子ほどの血液型の偏りはないようですね。

全日本フィギュアスケート選手権　男子トップ3

年	1位	2位	3位
2000	本田武史　AB	田村岳斗　A	竹内洋輔　？
2001	竹内洋輔　？	田村岳斗　A	岡崎　真　？
2002	本田武史　AB	田村岳斗　A	中庭健介　O
2003	田村岳斗　A	岸本一美　？	髙橋大輔　A
2004	本田武史　AB	中庭健介　O	織田信成　A
2005	髙橋大輔　A	織田信成　A	中庭健介　O
2006	髙橋大輔　A	織田信成　A	**南里康晴　B**
2007	髙橋大輔　A	**小塚崇彦　B**	**南里康晴　B**
2008	織田信成　A	**小塚崇彦　B**	**無良崇人　B**
2009	髙橋大輔　A	織田信成　A	**小塚崇彦　B**
2010	**小塚崇彦　B**	織田信成　A	髙橋大輔　A
2011	髙橋大輔　A	**小塚崇彦　B**	**羽生結弦　B**
2012	**羽生結弦　B**	髙橋大輔　A	**無良崇人　B**
2013	**羽生結弦　B**	町田　樹　O	**小塚崇彦　B**
2014	**羽生結弦　B**	**宇野昌磨　B**	**小塚崇彦　B**
2015	**羽生結弦　B**	**宇野昌磨　B**	**無良崇人　B**
2016	**宇野昌磨　B**	田中刑事　O	**無良崇人　B**
2017	**宇野昌磨　B**	田中刑事　O	**無良崇人　B**
2018	**宇野昌磨　B**	髙橋大輔　A	田中刑事　O
2019	**羽生結弦　B**	**宇野昌磨　B**	鍵山優真　O
2020	**羽生結弦　B**	**宇野昌磨　B**	鍵山優真　O

☞下線はＡ型、太字はＢ型

全日本フィギュアスケート選手権　女子トップ３

年	１位	２位	３位
2000	村主章枝　AB	荒川静香　O	恩田美栄　O
2001	村主章枝　AB	荒川静香　O	安藤美姫　A
2002	村主章枝　AB	恩田美栄　O	荒川静香　O
2003	安藤美姫　A	村主章枝　AB	荒川静香　O
2004	安藤美姫　A	**浅田真央　B**	村主章枝　AB
2005	村主章枝　AB	**浅田真央　B**	荒川静香　O
2006	**浅田真央　B**	安藤美姫　A	中野友加里　O
2007	**浅田真央　B**	安藤美姫　A	中野友加里　O
2008	**浅田真央　B**	村主章枝　AB	安藤美姫　A
2009	**浅田真央　B**	鈴木明子　A	中野友加里　O
2010	安藤美姫　A	**浅田真央　B**	村上佳菜子　A
2011	**浅田真央　B**	鈴木明子　A	村上佳菜子　A
2012	**浅田真央　B**	村上佳菜子　A	**宮原知子　B**
2013	鈴木明子　A	村上佳菜子　A	**浅田真央　B**
2014	**宮原知子　B**	本郷理華　O	樋口新葉　A
2015	**宮原知子　B**	樋口新葉　A	**浅田真央　B**
2016	**宮原知子　B**	樋口新葉　A	三原舞依　A
2017	**宮原知子　B**	**坂本花織　B**	紀平梨花　O
2018	**坂本花織　B**	紀平梨花　O	**宮原知子　B**
2019	紀平梨花　O	樋口新葉　A	川畑和愛　O
2020	紀平梨花　O	**坂本花織　B**	**宮原知子　B**

☞下線はＡ型、太字はＢ型

こうなると、Ｂ型の男子選手がどんな感じなのか気になりませんか。ＡＢＯセンターのブログ「ＡＢＯ記」がうまく特徴を捉えているので、文章を拝借させていただきます。

B型は、難しいことに挑戦するのが好きな人たちです。

「そんな事は絶対無理だろう」と言われると、「ヨシ、ならやってやろうじゃないか」と、ムラムラと燃えてくるという、ある意味……、ここではまったく良い意味での、アマノジャク性を発揮するという性分があるのです。

今回、大怪我をした羽生選手は、図らずも実にB型らしい発言をしてくれました。

「逆境は嫌いじゃない」

そうなんです。彼は、壁が立ちはだかった時、それをどうやって乗り越えるかを工夫したり、挑戦したりするのを、楽しめる人なのです。

羽生選手がフリーを滑り終えた後、右足首をそっと両手で包み込む姿がありました。

「頑張ってくれてありがとう」

自分の足にそういったのだそうです。

今回の出場は不可能と危ぶまれた大怪我からの、奇跡のような復活。こうした怪我の回復の早さもB型体質にはあり得ることで、やはり心身ともに持ち合わせているしなやかさあってのことではないかと思えます。

プロ野球の強打者はO型

プロ野球の打撃では、O型が圧倒的に強く、次いでB型です。これに対して、相撲は最上位の横綱にA型が目立ちます。過去の傾向と変わらないので、能見正比古氏の解説に耳を傾けてみることにしましょう。

血液型は、生物の体質気質型です。当然、体質が大きくものをいう体育スポーツ界に、顕著な影響を現しています。その上、スポーツは、演出やごまかしのない世界です。血液型による生まれながらの素質が、そのまま現れやすいのも当たりまえでしょう。

大衆的人気の最も高い野球では、そのポジションやプレー内容ごとに、いろいろな血液型の特色が現れますが、ことにプロ野球の打撃部門に著しい差がみられます。中でも、ロング・ヒッター、ホームラン王でのO型とB型の多さは、目をみはるものがあります。

次の表は、ホームラン王・王貞治のような超弩級もいますが、それにしてもO型の優勢は、プロ野球一軍選手の血液型分布と比べても、驚くほかありません。※参考として、打撃三部門の獲得者数を掲げました。ここでは、A型に、うまい確実な打者が増えてきますが、やはり全体としてO型とB型の優勢は、動きません。A型は投手などに優秀選手が多いのですが、この打撃部門は、全く劣勢ですね。

（能見正比古『血液型と性格ハンドブック』27頁）

※グラフでわかるように、韓国でも日本と同じでO型が強いようです。韓国人のO型は28％で、A型の34％より少ないため、日韓ともにO型が優勢である傾向は変わりません。

日本ホームランランキング 2020 年末

順位	血液型	選手名	本数
1	O	王貞治	868
2	B	野村克也	657
3	B	門田博光	567
4	B	山本浩二	536
5	O	清原和博	525
6	O	落合博満	510
7	O	張本勲	504
7	O	衣笠祥雄	504
9	O	大杉勝男	486
10	O	金本知憲	476
11	A	田淵幸一	474
12	O	土井正博	465
13	?	T．ローズ	464
14	B	長嶋茂雄	444
15	O	秋山幸二	437
16	O	中村剛也	424
17	AB	小久保裕紀	413
18	A	阿部慎之助	404
18	O	中村紀洋	404
20	A	山崎武司	403
(7)	O	松井秀喜	507

O11 A3 B4 AB1 松井は大リーグ通算

韓国ホームランランキング 2020 年末

順位	血液型	選手名	本数
1	B	イ・スンヨプ	467
2	A	チェ・ジョン	368
3	O	ヤン・ジュンヒョク	351
4	A	チャン・ジョンフン	340
5	O	イ・ホジュン	337
6	A	イ・デホ	332
7	A	チェ・ヒョンウ	330
8	O	イ・ボムホ	329
9	A	シム・ジョンス	328
10	O	パク・キョンワン	314
11	AB	キム・テギュン	311
11	A	ソン・ジマン	311
13	B	パク・ビョンホ	307
14	A	パク・チェホン	300
15	B	キム・ドンジュ	273
16	B	カン・ミンホ	272
17	AB	マ・ヘヨン	260
18	AB	パク・ソクミン	258
19	O	イ・マンス	252
20	O	キム・ギテ	249

O6 A7 B4 AB3

☞韓国は、
O 型 28%、A 型 34%、B 型 27%、AB 型 11%
のため、人口比ではO型が最多。

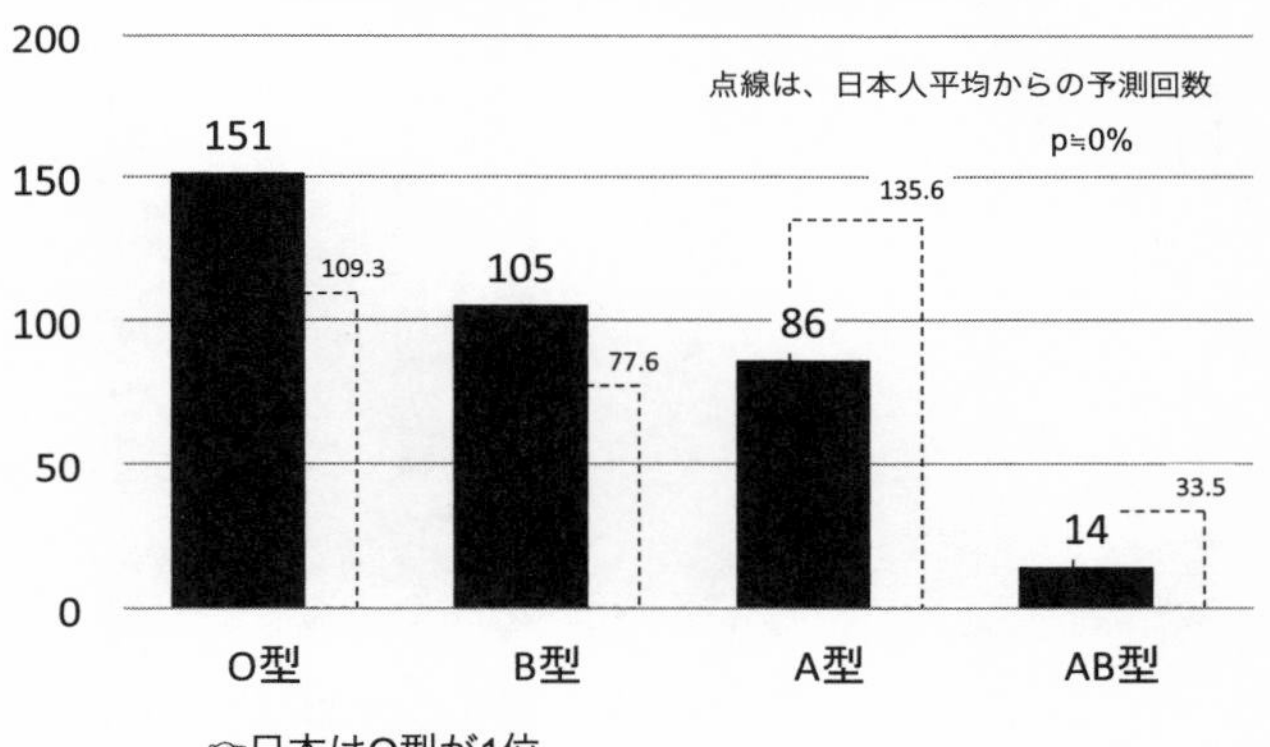

☞日本はO型が1位

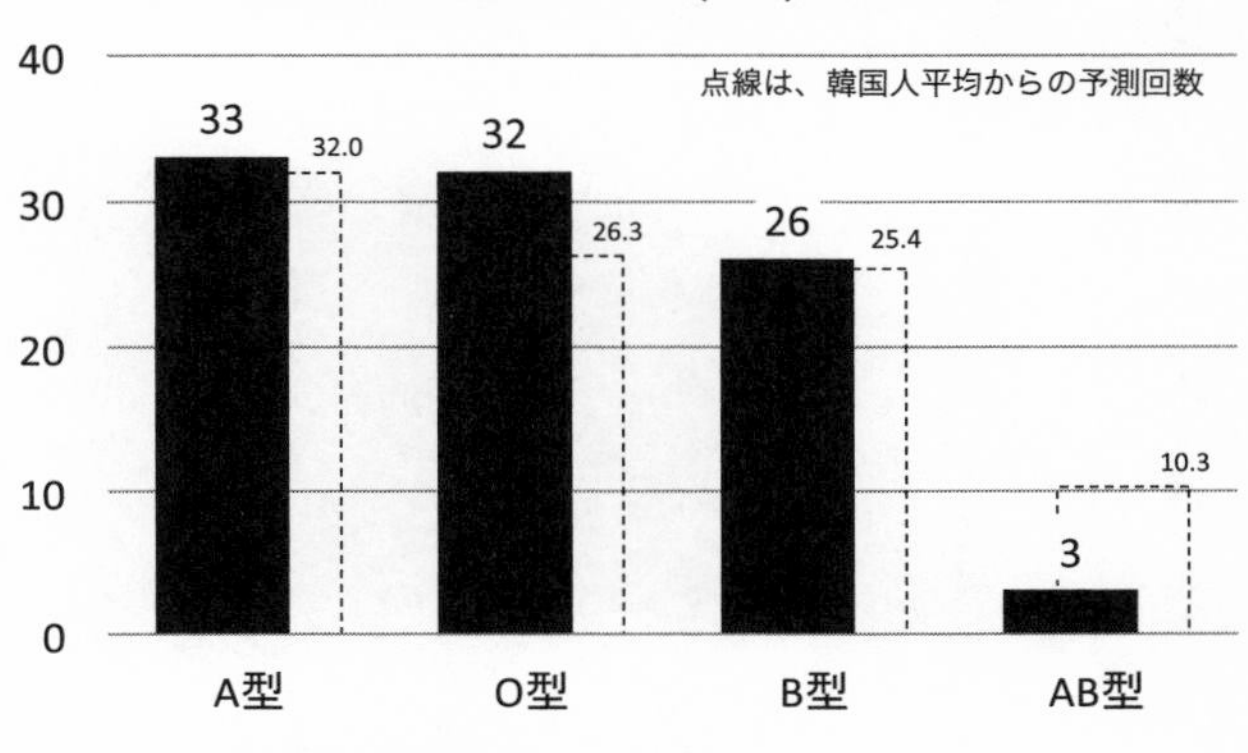

☞韓国も比率だとO型が1位

O型は、瞬発的な集中力に優れるのとタイミングをとる巧さとして、どのスポーツ部門でも目立っています。B型の場合は、思いきりのいい大胆さでしょう。逆にA型の場合は、チームプレーに徹する気質が、個人成績にブレーキをかけるのかもしれません。

プロゴルファーを眺めてみても、ロング・ドライバーや距離を競うドラコンの優勝者などにO型、B型が目につくのも、野球のバッティングと相通ずるものがあるのかもしれず、今後のスポーツサイエンスの考察を要する問題です。

打撃面はO型とB型ですが、守備や投手では、むしろA型が優秀なようにも見えます。プロのスポーツという職業形態が、O型気質に適（かな）うという考え方もできそうです。

大相撲に強いA型

ところが同じプロスポーツでも、日本伝統の国技、大相撲になると様子が一変します。次の表は、昭和初期からの横綱の血液型の名簿です。プロ野球と打って変

わって、A型の著しい優勢ぶりと、O型の驚くほどの少なさが目につきます。B型は、まあ日本人の平均並みですが、強い横綱、あるいは人気抜群の力士がいる点では、かなりO型をしのぐといえましょう。

数字は、大相撲の上位力士は、現在の力士育成の状況では、はっきりA型が有利と出ています。※A型のどこが一番有利なのでしょう。

相撲は、瞬間的な勝負ですが、実は〝地力〟と呼ばれる安定力、受けたり支えたりする防衛力が、他の分野以上に必要なスポーツです。その地力を作るため、シコを数百回とか鉄砲を千回とか、うんざりするような単調な練習に耐えぬかなければなりません。こうした黙々たる努力、辛抱強さと、体質的にも受ける力の強さが、全くA型の特色的傾向なのです。また現在の相撲は型を重視し、型を身につけた力士が負けにくくなります。型やセオリーを重視し、型に自分をはめこみやすいA型の特色は、他の分野でも目立つところです。

（能見正比古『血液型と性格ハンドブック』27―31頁）

※ただし、J1や女子サッカーの日本代表選手と同じで、やはり力士全体では血液型の差は見られません。★2

横綱の血液型

2021年10月現在

O型	A型	B型	AB型
9人	16人	9人	2人
千代の山	玉錦	羽黒山	玉の海
鏡里	双葉山	前田山	北の湖
北の富士	照国	若乃花（初代）	
隆の里	栃錦	柏戸	
曙	朝潮	大鵬	
貴乃花	栃ノ海	琴桜	
朝青龍	佐田の山	旭富士	
日馬富士	輪島	若乃花（3代目）	
照ノ富士	若乃花（2代目）	稀勢の里	
	三重ノ海		
	千代の富士		
	北尾		
	北勝海		
	武蔵丸		
	白鵬		【不明】
	鶴竜		大乃国

『血液型人間学のエッセンス』（2017）ほか

★3浮谷秀一・大村政男・藤田主一（2014）
☞血液型による差は見られない

ゴルフは男子のO・B型 vs 女子のA型

ゴルフは、男子も女子もB型が目立っています。細かいことをいうと、男子はO型も強いのですが、女子ではA型の多さが際立ちます。

生涯獲得賞金ランキング上位20位までを見ると、男子ではB型とO型が同数の1位で、それぞれ7人です。性格もさることながら、運動神経や筋力も血液型による違いがあるのでしょうか。これは、O型とB型はスポーツに強い傾向とも一致します。一方、女子ではA型やAB型が増え、O型が激減しています。男女の血液型が対照的なのは、それぞれのゴルフの特徴が理由として考えられます。

男子では、昔からずっと「技術」を最重要視しているようです。B型は凝り性で、数字にもうるさく、「技術の鬼」という言葉がぴったりあてはまります。だから、ゴルファーにB型が多いのは納得できるものがあります。男子でB型が強いのは、たぶんそういうことなのでしょう。

女子は、顧客である「ファン」と「スポンサー」を重視していて、男子とは反対で技術一辺倒ではありません。プレーヤーにこの方針を徹底するため、きちんと選手に研修や教育も行ったとのこと。その具体例として、サイン会や写真の撮影会などのファンサービスを代表とする多くのイベントを開催しています。ギャラリーのファンだけではなく、テレビ観戦のファンサービスも怠りはありません。見栄えのするゴルフウェアの着用は言うまでもなく、コースのセッティングも、テレビ向けを考えているそうです。女子ツアーは営業的に好調ですが、こういう地道な取り組みが功を奏したからというのが関係者の見方とのことです。

Ａ型女性は、サービス精神にあふれていて、実によく気がつきます。こうなると、Ａ型が女子に多い理由もわかるような気もしますね。

参考文献：rinokam　「トーナメントの疑問～男子ツアーと女子ツアーの違い～
２０１５年8月11日付」　ゴルフィー　(http://www.golfy.co.jp)

プロゴルファー生涯獲得賞金　2020年末

血液型	男子選手名	順位	女子選手名	血液型
B	尾崎　将司	1	不動 裕理	A
B	片山　晋呉	2	李 知姫	B
O	中嶋　常幸	3	全 美貞	A
O	谷口　徹	4	アン・ソンジュ	B
B	尾崎　直道	5	横峯 さくら	AB
A	藤田　寛之	6	申 ジエ	A
O	池田　勇太	7	大山 志保	B
O	宮本　勝昌	8	福嶋 晃子	O
O	谷原　秀人	9	イ・ボミ	A
A	B・ジョーンズ	10	上田 桃子	A
O	石川　遼	11	テレサ・ルー	A
A	手嶋　多一	12	涂 阿玉	A
AB	倉本　昌弘	13	肥後 かおり	O
O	伊澤　利光	14	鈴木　愛	B
B	青木　功	15	具 玉姫	O
A	小田　孔明	16	服部 道子	B
B	金 庚泰 （キム・キョンテ）	17	吉川 なよ子	A
B	近藤　智弘	18	塩谷 育代	A
A	宮里　優作	19	有村 智恵	O
B	鈴木　亨	20	木村 敏美	AB

男子 O7 A5 B7 AB1　　女子 O4 A9 B5 AB2

日本ゴルフツアー機構 日本女子プロゴルフ協会 ほか

プロゴルファー通算優勝回数　2020年末

血液型	男子選手名	順位		女子選手名	血液型
B	尾崎　将司	1		樋口 久子	O
B	青木　功	2		涂 阿玉	A
O	中嶋　常幸	3		不動 裕理	A
B	尾崎　直道	4		大迫 たつ子	O
B	片山　晋呉	5		岡本 綾子	B
AB	倉本　昌弘	6		森口 祐子	A
O	杉原　輝雄	7		吉川 なよ子	A
O	池田　勇太	8		アン・ソンジュ	B
O	谷口　徹	9	9	全 美貞	A
A	中村　通	9	10	福嶋 晃子	O
?	G・マーシュ	9	11	申 ジエ	A
A	藤田　寛之	12	11	具 玉姫	O
O	石川　遼	13		横峯 さくら	AB
O	伊澤　利光	14		李 知姫	B
O	鈴木　規夫	15		イ・ボミ	A
B	尾崎　健夫	16		塩谷 育代	A
A	B・ジョーンズ	16	17	大山 志保	B
O	谷原　秀人	18	17	服部 道子	B
O	藤木　三郎	18	17	日蔭 温子	B
B	D・イシイ	18	17	平瀬 真由美	B

男子 O9 A3 B6 AB1　　　女子 O4 A8 B7 AB1

日本ゴルフツアー機構 日本女子プロゴルフ協会 ほか

昔の女子ゴルフはO型が多い

その後、面白いことがわかってきました。昔の女子のデータを見ると、現在とは逆で、男子と同じくO型が多かったらしいのです。

そこで、年代別の優勝回数を調べてみました。下記のグラフにあるとおり、1980年頃を境として、見事に対照的な傾向を示しています（グラフの**太い実線**）。これ以前はO型が多く、以後はO型の優勝回数は頭打ちになり、しばらくすると激減します。その反対にA型は激増しているのです。同じようなグラフをどっかで見たことがあると思ったら、NHK紅白歌合戦の出場歌手でした。（☞138頁）。これは、どうやらテレビのせいらしく、1970年代に女子ゴルフのテレビ中継が定着し

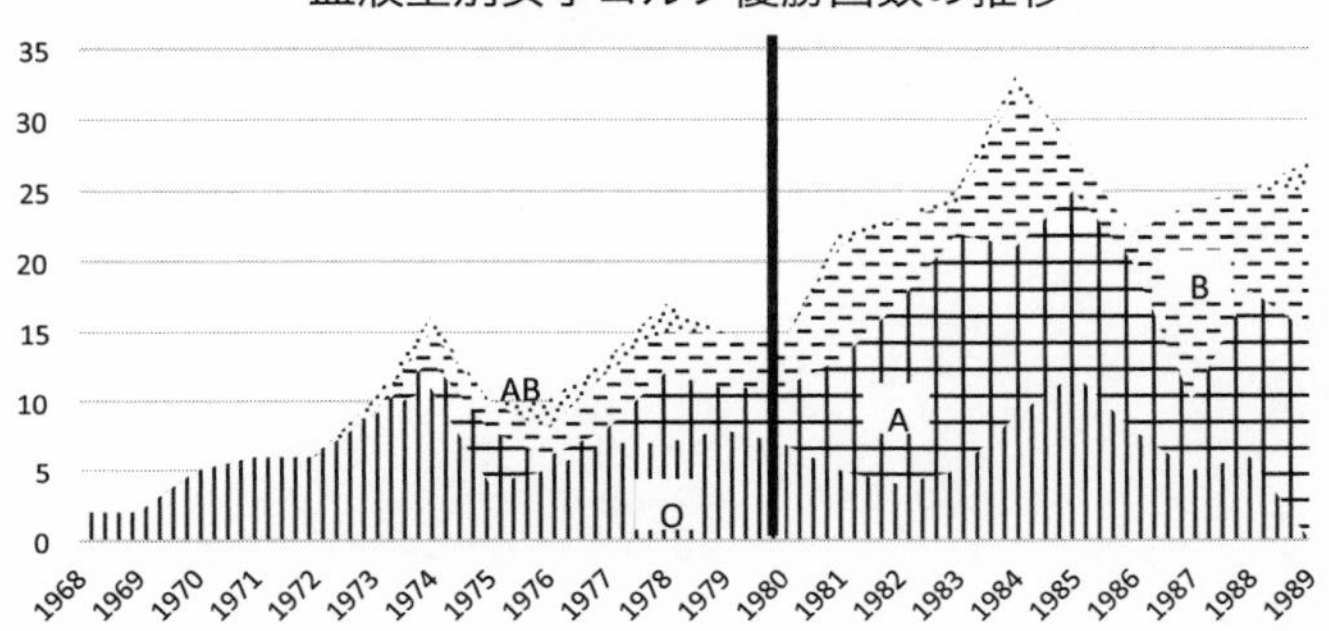

た時期と一致します。まさかテレビがこんなに影響しているとは……。女子ゴルフは、ここでエンタメ化に舵を切って商業的に大成功を収めました。ツアーの回数と賞金額も激増しています。一方、男子ゴルフは、昔のまま技術優先なのであまりパッとしません。このように、スポーツの分析は一筋縄ではいかず、さまざまな角度から見ていくしかないようです。

余談ですが、女子ゴルフは韓国人が大勢いて国際的ですが、男子ゴルフは基本的に国内向けです。海外ツアーの血液型を見ると、女子はさほど血液型に偏りはありませんが、男子はほとんどがB型で数も少ないのです。B型の野茂がメジャーリーグに移籍して、物議をかもしたことを思い出しました。やはり、他人を気にしないB型らしいですね。

水泳は競技によって変わる

女子シンクロナイズドスイミング（アーティスティックスイミング）にB型が少ない理由は、あえて説明するまでもないでしょう。水泳は基本的に個人で競いますが、シンク

女子シンクロ・オリンピック代表選手　1992-2021 年

O型	A型	B型	AB型
9人	10人	2人	6人
奥野　史子	小谷実可子	石黒由美子	酒井麻里子
立花　美哉	神保　れい	**藤井　来夏**	**中村　麻衣**
武田　美保	青木　　愛		**三井梨紗子**
原田　早穂	松村亜矢子		**吉田　胡桃**
鈴木絵美子	橘　　雅子		中牧　佳南
藤丸　真世	小林　千紗		丸茂　圭衣
乾　友紀子	**箱山　愛香**	※太字は２回（乾は３回）	
足立　夢実	糸山　真与		
塚本　真由	林　　愛子		
	吉田　　萌		

『Ｂ型女性はなぜ人気があるのか』(2016)　ほか

☞Ｂ型が少ない

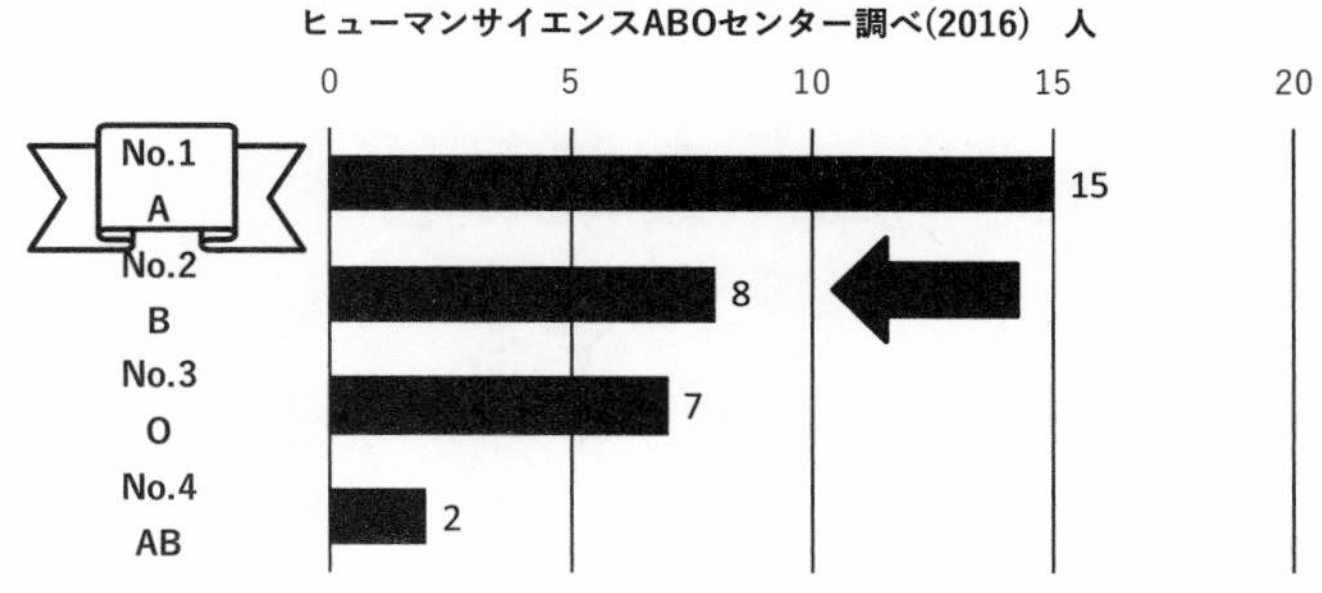

☞A型が1位でB型も堂々の2位

ロは他の選手と演技をぴったり合わせないといけない団体競技だからです。ここで、水泳選手には元々B型が少ないかもしれないという疑問が湧くかもしれません。79頁のグラフは、リオ・デ・ジャネイロオリンピック出場選手数ですが、調べてみても、むしろB型の水泳選手は他の血液型より多いぐらいです（東京オリンピックは、血液型不明者が多いため判断できず）。

このように、同じ種目でも、個人競技か団体競技かで、多数となる血液型が違ってきます。優秀な水泳選手にはB型が少なくないのですが、女子シンクロではB型が極端に少ない。やはり、B型は個人種目で力を発揮するということですね。現在、女子シンクロのコーチは井村さんですが、血液型を選手の指導に活用していると聞いています（彼女の血液型は不明です）。それがリオ五輪の好結果につながったのかもしれません。２０１８年ＦＩＦＡワールドカップの西野朗監督も血液型を活用しているらしいので、ロシア大会の好成績には、血液型も一役買っているのでしょうか。

女子カーリング・オリンピック代表選手　2002-2018年

O型	A型	B型	AB型
1人	5人	4人	3人
藤澤　五月	**小野寺　歩**	**石崎　琴美**	林　　弓枝
	本橋　麻里	目黒　萌絵	山浦　麻葉
太字は２回以上	近江谷杏菜	寺田　桜子	小野寺佳歩
	吉田知那美	苫米地美智子	
	吉田夕梨花		

『B型女性はなぜ人気があるのか』(2016)　ほか
☞ O型が少ない

O型が少ないカーリング

２０１８年の流行語となった「そだね」や「もぐもぐタイム」で有名な、ロコ・ソラーレ北見所属の藤澤五月選手はO型です。意外なことに、血液型がわかっている選手の中で、O型なのは彼女1人だけです。

カーリングを見ていると、サッカーなどの球技のように、目に見える目標に向かってまっしぐら……とは逆の競技のようですね。毎日熱心に技を磨いた結果として上位入賞につながることになります。地道で単調な練習も必要でしょうから、ストレートな目標突進型のO型が少ないのかもしれません。詳しいことは、今後の分析を待ちたいと思います。

もっとも、ここでまた疑問があるかもしれません。カーリングはチームワークが大切なはずなのに、なぜかB型選手も日本人の平均ぐらいいるのです。これまでの「団体競技」ではB型が少ないという私の説明とは矛盾するのではないかと……。

統一的な説明が可能に

確かに、いままでは、これらの一見矛盾する傾向を説明することはできませんでした。しかし、私の仮説では、これらのB型の人数の多い少ないを、かなり統一的に説明することが可能になるのです。

まず、シンクロナイズドスイミングについてです。この種目は「日本選抜」でチームを編成するため、選ばれた選手は短期間で相手に合わせる必要があります。

スケジュールを調べてみると、前回のリオ・デ・ジャネイロオリンピックの選手選考委員会は2016年3月15日。オリンピックの本番は8月です。ということは、毎日猛練習をするとしても、たった半年足らずの短期間のうちにナショナルチームの一体感を創り出さなければならないことになります。

スポーツの種目とＢ型の割合

スポーツ種目	種類	流動性	競技人口	Ｂ型
プロ野球（打撃）	個人	ー	多	高
男子フィギュアスケート	個人	ー	少	高
大相撲	個人	ー	少	中
プロゴルファー（男子）	個人	ー	多	高
プロゴルファー（女子）	個人	ー	多	中
水泳	個人	ー	多	中
女子カーリング	団体	小	少	中
サッカー日本代表（男子）	**団体**	**大**	**多**	**低**
サッカー日本代表（女子）	団体	大	少	中
シンクロ日本代表（女子）	**団体**	**大**	**少**	**低**

Ｂ型の割合が低い種目（**太字**）は、①競技人口が多い団体競技
②女子シンクロのように協調性が最重要な競技である。

参考までに、カーリングもコミュニケーションが肝のスポーツとのこと。各チームからピックアップした選手同士をいきなり組ませても、即時に結果は出にくいそうです。

サッカー日本代表も同じ説明ができます。２０１８年ワールドカップロシア大会で、日本チーム「サムライブルー」の初戦が開催されたのは７月２日ですが、日本代表が決定したのはそのわずか１か月前の５月31日。これでいきなりナショナルチームを作るといっても、現実には十分なコミュニケーションを取ることは難しいでしょう。となると、即戦力が絶対的に必要とされるので、仮に選手のテ

女子サッカー選手の血液型

	O型	A型	B型	AB型
FIFA WC 代表	41人	56人	33人	8人
通算得点の上位20位	6人	6人	3人	1人
歴代出場数の上位20位	5人	10人	3人	2人
日本人平均	30.7%	38.1%	21.8%	9.4%

クニックが同じだとするなら、はじめから協調性があるメンバーを選ぶしかありません。必然的に、B型選手が選ばれる確率は低くなりそうです。

これに対して、女子サッカーのなでしこジャパンでは、1995年から2019年までの全期間を調べてみても、血液型はほぼ日本人平均と同じでした。前述のように、女子は男子より競技人口が少ないことが理由だとすると、このデータをうまく説明できます。詳しくは後述します。

Jリーグはどうでしょう？　こちらも選手の流動性は高いようです。例えばJ1の選手は全体で565人（2020年2月1日現在）ですが、移籍するのは加入が約200人、退団もほぼ同数です。平均すると2年足らずで全員が入れ替わることになります。だから、B型の得点が少なくなるのではないでしょうか。

では、Ｊ１の選手全体では血液型の分布が日本人平均なのに、なぜＪリーグの通算得点（56頁の表）に差が出ているのでしょう。それは、上位20位までとなると、割合ではワールドカップ代表（58頁のグラフ）を選ぶこととほぼ同じことになるからです。データを見ると、血液型の傾向はＦＩＦＡワールドカップ代表と同じく、Ｂ型が少ないことが共通しています。

対する女子では、前頁の表にあるように、上位20位までの通算得点はＯ型６人、Ａ型６人、Ｂ型３人、ＡＢ型１人（不明除く）です。これは、だいたい日本人の平均と同じで、ワールドカップ代表の傾向ともほぼ一致します。上位20位までの歴代出場の数字でも、Ｏ型５人、Ａ型10人、Ｂ型３人、ＡＢ型２人ですから、こちらもほぼ日本人の平均です。

続いて女子カーリングですが、この種目では原則として「日本選抜」のチームは作りません。なぜなら、基本的に日本カーリング選手権大会を勝ち抜いたチームが、そっくりそのままオリンピックに出場するからです。平昌オリンピックでは、藤澤五月選手[★2]が所属している「ロコ・ソラーレ北見」が見事に銅メダルを獲得し、チームワークの良さを見せつけました。

カーリングは、シンクロと同じく、コミュニケーションが最重要なスポーツです。各チームからピックアップした選手で、にわかづくりのナショナルチームを作ったとしても、いい結果につながるとは考えにくいですよね。これが、日本選抜チームを作らない最大の理由だとのことです。代表チームでは、既に選手間のコミュニケーションは十分なわけです。それなら、仮にB型が多くとも問題にはなりません。ゴルフや野球でB型が運動神経がいいのはわかっているだけに、実力を十分に発揮できるということなのでしょう。

女子シンクロでは、オリンピックに出場したB型選手は2人だけです。ただし、B型の2人である藤井選手は、日本チームの井村監督の運営する井村スイミングクラブ出身なので、監督とは顔見知りです。残るB型の石黒選手は、決勝ではA型の青木愛選手が代わりに出場しました。つまり、B型選手が落下傘のように単独でナショナルチームに参加し、メダルを獲得したケースは過去にはないことになります。ということですから、実質的には、79頁の表の数字よりB型は少ないことになります。

こうなると、「B型はマイペース」というのは、かなり表面的で短絡的な見方であるということになります。短期的にはともかく、B型の「マイペース」は他の血液型とそ

れほど変わらないのかもしれません。なぜなら、中長期的に見ると、O型だったらそのチームの将来性を見切ることもあるし、A型だったら短期的には合わせても、長期的には筋を通すこともあるからです。

B型は、初対面の人とのコミュニケーションを取るのに、多少時間がかかることがあります。悪気はないのですが、納得しないことにきっぱり反対するタイプのB型も、割とよく見かけます。他の血液型なら、もう少しオブラートに包んだ表現をするでしょう。

そして、こう考えると、それなりにうまく血液型の傾向を説明することができます。ただ、これらはあくまでデータをベースにして机上で考えたものなので、専門家の意見は違うかもしれませんが……。

非常に希望的な観測ですが、もし私の仮説が正しいとすると、いままでB型が向いていないとされた競技でも、やりかた次第では、チームワークが苦手とされるB型選手の参加を増やし、戦力アップにつなげることができるようになるかもしれませんね。

次章では、政治について分析します。

★1　Chieko Ichikawa, Slobodan Petrovski, ABO system of blood types and posions in soccer team, 2018.

★2　藤田主一・大村政男・浮谷秀一「『血液型性格学』は信頼できるか（第30報）Ⅲ　アスリートに血液型の特徴がみられるか」『日本応用心理学会大会発表論文集』２０１３年

★3　浮谷秀一・大村政男・藤田主一「『血液型性格学』は信頼できるか（第31報）　国技大相撲の力士の血液型」『日本応用心理学会大会発表論文集』２０１４年

まとめ

・O型とB型は一般的にスポーツに強い。
・個人競技で技術力が試される場合にはB型が強い。
・短期的にチームワークを速成する必要がある場合には、B型はあまり向いていない。
・ただし、すでにそのグループに知り合いがいる場合は、B型がチームカラーになじむのには時間はかからない。
・女子ゴルフのように、技術力以外にファンサービスが重視される場合はA型が増える。

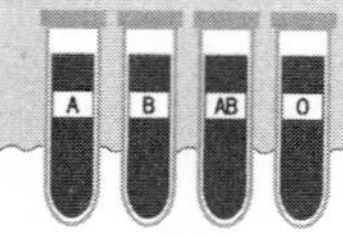

【コラム】卓球選手の血液型

卓球選手の血液型を調べてみました。２０２０年12月の世界ランキング50位以内には、日本人の男子６人、女子９人が入っています。これらの15人の血液型は、Ｏ型８人、Ａ型３人、Ｂ型４人、ＡＢ型はゼロとなっています。Ｏ型が優位なのは、サッカーや野球と同じ傾向なのです。こうなると、球技は一般的にO型が強いと言ってよいのかもしれませんね。

男子選手　2020 年 12 月

ランキング（位）	血液型	選手名
5	O	張本智和
17	O	丹羽孝希
18	B	水谷　隼
35	O	宇田幸也
45	B	神　巧也
48	A	森薗政崇

女子選手　2020 年 12 月

ランキング（位）	血液型	選手名
3	O	伊藤美誠
9	O	石川佳純
11	O	平野美宇
17	O	佐藤　瞳
23	A	加藤美優
29	O	早田ひな
36	A	橋本帆乃香
37	B	芝田沙季
49	B	木原美悠

【コラム】剣道のA型 vs 柔道のO型

血液型別にみる熟練競技者数

血液型	A型		B型		O型		AB型	
種目	n	%	n	%	n	%	n	%
剣道	49	19	29	11	34	13	11	4
柔道	37	14	27	10	37	14	8	3
相撲	11	4	7	3	9	3	2	1
合計	97	37	63	24	80	30	21	8

※熟練競技者は、競技歴 10 年以上と定義する。

武道では、剣道のA型と柔道のO型が対決しているようです。

日本体育大学の調査[★1]によると、剣道、柔道、相撲の熟練競技者数（競技歴10年以上）の血液型別人数は、日本人の平均と同じでA型、O型、B型、AB型の順でした。ただ、柔道だけは例外で、A型とO型が同数の37人で拮抗しています。また、同じ血液型中の競技別の人数は、基本的にトータル人数が多い順に、剣道、柔道、相撲となりますが、O型だけは例外で、剣道より柔道の人数が多くなりました。礼儀が第一の剣道に対して、格闘技の柔道と考えるとしっくりきます。

柔道は、国際化とともに礼儀よりルールや格闘技的な要素が強調されたような気がします。昔の講道館柔道のように、型や礼儀が第一なら、A型が強かったのにも納得です。相撲も格闘技ですが、横綱・大関クラスになるとA型が圧倒するのと共通してますね。

★1　「スポーツパフォーマンスと血液型：武道系種目からの考察」『日本体育大学紀要』2020年

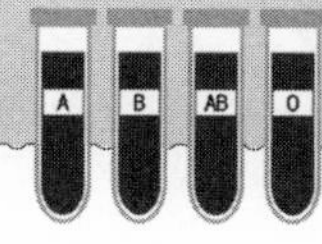

【コラム】マラソンのＯ型 vs 競歩のＡ型

東京オリンピック代表選手の血液型を調べていたところ、面白いことに気が付きました。陸上は一般的にＯ型が強く、イタリアの論文でもＯ型が強いという結果が出ています。[★1] しかし、なぜか競歩だけはＡ型が強いようなのです。Ａ型は鈴木雄介、川野将虎、岡田久美子の３人で、Ｂ型は池田向希１人ですが、Ｏ型は誰もいません。２０００年から調べてみても、Ｏ型は３人だけで、Ａ型の８人に大きく差を付けられています。一方、マラソンは服部勇馬と大迫傑がＯ型、中村匠吾はＡ型ですが、残念ながら女子の血液型は不明です。ただ、過去の女子選手は野口みずき、土佐礼子、高橋尚子などの有名選手は多くがＯ型です。サンプルが少ないので断言はできませんが、競歩はルールが厳しいのでＡ型に向いているのかもしれません。

なお、男子短距離ではＯ型が圧倒的に強く、１００ｍ走日本歴代トップテンはサニブラウンや桐生祥秀などのＯ型が過半数の６人を占め、残りはＢ型２人、Ａ型１人、ＡＢ型１人となっています。不思議なことに、女子短距離ではＯ型が強い傾向は見られません。

★1 Giuseppe Lippi, Giorgio Gandini, Gian Luca Salvagno et al., Influence of ABO blood group on sports performance, Annals of Translational Medicine, 2017.

第二章　政治と血液型

歴代アメリカ大統領の血液型

序章では、首相にO型、東京都知事にＡＢ型が多いことを説明しました。海外の状況はどうでしょう。意外に思うかもしれませんが、O型大国であるアメリカの大統領にもＡＢ型が多いのです。

次の方々は、現在までに血液型が判明しているアメリカの歴代大統領です。残念なことに、現職のバイデン氏の血液型は非公開のようです。

初　代　Ｂ型　ジョージ・ワシントン
第16代　Ａ型　エイブラハム・リンカーン
第34代　O型　ドワイト・Ｄ・アイゼンハワー
第35代　ＡＢ型　ジョン・Ｆ・ケネディ

第36代　A型　リンドン・ジョンソン
第37代　A型　リチャード・ニクソン
第38代　O型　ジェラルド・R・フォード
第39代　A型　ジミー・カーター
第40代　O型　ロナルド・レーガン
第41代　O型　ジョージ・H・W・ブッシュ（父）
第42代　AB型　ビル・クリントン
第43代　O型　ジョージ・W・ブッシュ（子）
第44代　AB型　バラク・オバマ
第45代　A型　ドナルド・トランプ
（参考　トランプ氏の対抗馬、ヒラリー・クリントン氏やサンダース氏もAB型）

O型の大統領は、アイゼンハワー、フォード、レーガン、ブッシュ父子の計5人になります。

このうち、アイゼンハワー大統領は、第2次世界大戦のヨーロッパ戦線で、連合軍最高司令官としてドイツを打ち破った栄光ある名将です。ある程度の年齢のかたなら、映画「史上最大の作戦」で名前を聞いたことがあるかもしれません。つまるところ、彼は政治家というよりは軍人なのです。フォード大統領は、ニクソン大統領がウォーターゲート事件のために辞任したため、副大統領から昇任しました。ブッシュジュニアは、父親が大統領です。このように、O型で選挙に勝利して就任した大統領は、レーガンとブッシュ（父）の事実上2人に絞られることになります。

次に、A型はどうでしょう。A型の大統領は、リンカーン、ジョンソン、ニクソン、カーター、そして前職のトランプ氏の5人です。このうち、ジョンソン大統領は、ケネディ大統領がダラスで暗殺されたため、副大統領から昇任しました。よって、はじめから選挙でその職を勝ち取ったのは4人となります。

B型は、初代大統領のワシントンの1人だけです。

AB型はケネディ、クリントン、オバマ氏の3人で、すべて初戦から選挙で勝利しました。

現在とほぼ同じ条件で比較するとするなら、初代のワシントンと南北戦争当時のリンカーンの両大統領は外すしかないでしょう。結局残ったのは、O型2人、A型3人、A

Ｂ型３人で、Ｂ型はゼロとなります。アメリカ人の血液型の割合は、Ｏ型45％、Ａ型40％、Ｂ型11％、ＡＢ型４％ですから、極端にＡＢ型が多いのです。

計算してみると、ＡＢ型はアメリカでは極めて少ないので、わずか８人でも統計的には意味のある差になります。ランダムに選んだ８人のアメリカ人から、３人以上がＡＢ型となる確率はたった０・36％で、なんと２８０分の１なのです。

ＡＢ型が多いのは偶然ではありません。アメリカの大統領選挙というのは、東京都知事のように、一種の人気投票です。候補者は、カリスマ性を持ったヒーローかヒロインでなければなりません。Ｏ型グループのメンバーは熱狂的にカリスマを求めています。アメリカ国民の半分近くはＯ型です。そして、人気投票に有利なのは、Ａ型とＡＢ型、次にＯ型で、一番不利なのはＢ型なのです。

高い理想と原則を高らかに掲げ、強く訴えるのはＡ型とＡＢ型。一方、Ｏ型は力に敏感です。状況に応じて、Ｏ型は慎重にパワーバランスを考え、場合によっては力の信者になります。Ｂ型は理想より実践的な思考の人ですから、ほとんどカリスマ性はないのです。

AB型の政治家たち

少々古いのですが、2001年7月15日付の日本経済新聞に、参議院旧全国区の大量得票者についての面白いデータを見つけました。それによると、やはりトップ当選10人中5人がAB型だったのです！　やはり人気投票はAB型が強いようですね。

参議院旧全国区の大量得票者

順位	氏　名	血液型	当選年
1	**石原慎太郎**	**AB**	**1968**
2	**市川　房枝**	**AB**	**1980**
3	宮田　輝	B	1974
4	**青島　幸男**	**AB**	**1980**
5	鳩山威一郎	B	1980
6	**田　英夫**	**AB**	**1971**
7	中山　千夏	O	1980
8	山東　昭子	O	1980
9	**安西　愛子**	**AB**	**1971**
10	江田　五月	B	1977

太字はAB型

ランダムに選んだ日本人10人から、5人以上がAB型である確率は、0・012％なので、なんと8000分の1ということになります。

＊　＊

能見正比古氏のより詳しい解説があるので、ここに紹介させていただきます。

次表は、１９６８年７月、ようやくタレント議員進出が本格化してからの参議院全国区の得票順位ベスト３を並べたもの。ごらんの通り、まるでＡＢ型の独占的傾向だ。この中で望月優子だけはＢ型とも聞き、はっきりしないので、？付きとしたが、ただし、これは全国区の全般的傾向ではなく、上位スペシャル級だけに集中した現象である。

過去の参議院全国区の得票数ベスト3

1968年7月	1971年6月	1974年7月	1977年7月	1980年7月
①石原慎太郎　AB	①田　英夫　AB	①宮田　輝　B	①田　英夫　AB	①市川　房枝　AB
②青島　幸男　AB	②安西　愛子　AB	②市川　房枝　AB	②江田　五月　B	②青島　幸男　AB
③上田　哲　O	③望月　優子　B?	③青島　幸男　AB	③福島　茂夫　O	③鳩山威一郎　B

それが望ましいかどうかは別にして、私はスター性という問題が政治学の新しい課題となると思っている。情報化時代に特有なもので、カリスマ性とも、やや異質である。そしてＡＢ型のスター性は、このようにアイドルスターのそれに近い。Ｏ

型やB型のスターのように人間性が浸透した結果、高揚するといった時間のかかるものではない。イメージによって瞬間に湧き起こる。それは人間性を詮索して好悪を決めるものではなく、逆に人間臭くないほうがいいのだ。劇画の中の人物のようなほうが、いいのである。ＡＢ型は人間臭さの強度では、一番淡い。それが逆に、このようなスター性を生むのであろう。石原や田が得た二百万三百万の票は、彼らの政策に共鳴し、その人間性に親しんだ人々が投じたものではない。政治におけるアイドルスターの登場は、現代の神話なのかもしれぬ。

（『血液型政治学』２２５―２２６頁を微修正　１９８０年のデータを追加）

政治家の血液型

次は、日本の政治状況について、能見正比古氏の『血液型と性格ハンドブック』（１９８１年）の解説です。ただし、データについては最新のものに更新し、関係する記述は書き換えました。

衆議院議員血液型分布率

	日本人平均	1978年4月	2017年12月
血液型判明数	-	453人	408人
O型	30.7％	**1位　35.8％**	2位　⬇ 25.5％
A型	38.1％	2位　31.5％	**1位　⬆ 38.5％**
B型	21.8％	3位　18.8％	3位　➡ 24.8％
ＡＢ型	9.4％	4位　13.8％	4位　➡ 12.0％
危険率	-	p＜0.1％	有意差なし

＊　＊

私たちの毎日に深い関係のある政治の世界を眺めてみましょう。表は、衆議院議員の血液型分布を示しています。これを日本人の平均血液型分布率と比べ、その偏りを考えましょう。

数字の下の下線は、日本人平均に比べ、特に多いもの、波線は特に少ないものです。１９７８年当時の有意差を検定してみると、危険率ｐは０・１％以下という大へん大きな有意差を示します。衆議院議員すなわち政治家の職能性と血液型は、高いレベルで関係があることが、実証されたのです。内容的には、１９７８年当時はＯ型とＡＢ型が多いのが目につきます。もっとも、現在では日本人平均とほぼ同じですが、理由は後述します。

Ｏ型は男女を問わず、一般に狭義の政治性が強く、

政治好きの人が目につきます。ＡＢ型は、企業でも地域社会でも、人間関係の調整斡旋（あっせん）に長ずる人が目立ちます。これは政治的世界では、大へん必要とされる特性ですね。

この血液型の分布状況が、また政党の性格にも影響を与えています。Ｏ型が多くなると、どうしても派閥的動きが活発となり、権力争いが激化するのは、企業などでも見受けることです。逆にＡＢ型が多いと、評論家的体質となり、内部の論争が盛んになったりします。

私たちが知らないうちに、**私たちの生活を左右する政治も、血液型で、大きく、そのキャラクターを動かされている**のです。

各専門分野での血夜型分布率調査は、これまで、私や、その他の人々が実施して来た大量のアンケート調査、そして長年、多くの人々によって観察されて来た血液型別の特色を裏づけ、また、時には新しい発見をもたらして来ました。それを、この政治・行政の分野からも引き出してみましょう。

【再掲】歴代首相の血液型　　2021年10月現在

O型（20人） 1位　51.3%	A型（11人） 2位　28.2%	B型（5人） 3位　12.8%	AB型（3人） 4位　7.7%
濱口　雄幸	若槻禮次郎	東條　英機	**宮沢　喜一**
鈴木貫太郎	**芦田　均**	**田中　角栄**	橋本龍太郎
東久爾宮稔彦王	**鳩山　一郎**	**竹下　登**	**岸田　文雄**
幣原喜重郎	**佐藤　栄作**	安倍　晋三	
吉田　茂	**三木　武夫**	**野田　佳彦**	
片山　哲	海部　俊樹		
石橋　湛山	宇野　宗佑		
岸　信介	**小渕　恵三**		
池田　勇人	小泉純一郎		
福田　赳夫	福田　康夫		
大平　正芳	**麻生　太郎**		
鈴木　善幸			
中曽根康弘			
細川　護煕			
羽田　孜			p = 4.7%
村山　富市			
森　喜朗			※**太字**は派閥のリーダー
鳩山由紀夫			
菅　直人			
菅　義偉			

首相はO型が過半数

まず、歴代の首相を表にあげました。血液型のわかった39名のうち、じつに20名がO型とは驚き呆（あき）れるほかありません。戦前でも濱口雄幸首相のO型は記録に残っています。AB型が3人だけなのも目をひきます。じつは保守系政党の派閥のリーダーを調べても、AB型は、ほとんど見当たりません［注：現在は岸田派のリーダー岸田文雄氏がいます」。これは明らかに、同じ政治家としても O型とAB型では、その姿質が違うことを物語ります。**政治力を求め、力の結集の中心に坐りやすいO型と、調整調和型のAB型性**の違いは明らかです。

【注】下の囲み記事にもあるように、首相にO型が多いことは、心理学者からも認められている事実です。

大臣の血液型

各省大臣はどうでしょうか。表に3例ほど示しました。極端な違いに、またまた驚かされます。渉外能力がO型とAB型ですぐれていることは

ただ、総理大臣に選出される衆議院議員の血液型は Table 4 に示してあるようにO型が多数である。

Table 4 歴代総理大臣の血液型の分布

	A	B	O	AB	合計	χ^2_0
観察値	17	6	30	3	56	14.54
期待値	21.3	12.2	17.2	5.3	56.0	＊＊

（注）40代～97代（安倍晋三）にいたる総理大臣（2回以上の人を含む）延べ56人。野田前総理はB型、安倍現総理もB型である。

大村政男・浮谷秀一・藤田主一
「『血液型性格学』は信頼できるか（第30報）Ⅰ—衆議院議員に血液型の特徴が見られるか—」『日本応用心理学会大会発表論文集』、2013年

歴代外務大臣の血液型

2021 年 10 月現在

O型（16 人） 1位　41.0%	A型（12 人） 2位　30.8%	B型（3 人） 4位　7.7%	AB 型（8 人） 3位　20.5%
吉田　　茂	三木　武夫	鳩山威一郎	木村　俊夫
岸　　信介	愛知　揆一	櫻内　義雄	宮沢　喜一
大平　正芳	大来佐武郎	柿澤　弘治	倉成　　正
椎名悦三郎	安倍晋太郎		中山　太郎
福田　赳夫	宇野　宗佑		池田　行彦
小坂善太郎	渡辺美智雄		田中眞紀子
園田　　直	武藤　嘉文		松本　剛明
伊藤　正義	小渕　恵三		岸田　文雄
三塚　　博	河野　洋平		
羽田　　孜	麻生　太郎		
高村　正彦	町村　信孝		
中曽根弘文	前原　誠司		
岡田　克也			
玄葉光一郎			
河野　太郎			
茂木　敏充			

p=1.4%

歴代文部科学大臣の血液型

2021 年 10 月現在

O型（12 人） 2位　22.6%	A型（19 人） 1位　35.8%	B型（10 人） 4位　18.9%	AB 型（12 人） 2位　22.6%
剱木　亨弘	尾崎　行雄	高見　三郎	稲葉　　修
三原　朝雄	鳩山　一郎	奥野　誠亮	田中　龍夫
永井　道雄	愛知　揆一	中島源太郎	松永　　光
森　　喜朗	中村　梅吉	森山　眞弓	塩川正十郎
藤尾　正行	有田　喜一	島村　宜伸	石橋　一弥
井上　　裕	坂田　道太	大島　理森	保利　耕輔
鳩山　邦夫	海部　俊樹	中山　成彬	小杉　　隆
与謝野　馨	小川　平二	鈴木　恒夫	河村　建夫
奥田　幹生	瀬戸山三男	平野　博文	渡海紀三朗
中曽根弘文	西岡　武夫	林　　芳正	中川　正春
髙木　義明	町村　信孝		田中眞紀子
末松　信介	小坂　憲次		萩生田光一
	伊吹　文明		
	塩谷　　立		
	川端　達夫		
	下村　博文		
	馳　　　浩		
	松野　博一		
	柴山　昌彦		

p=1.0%

歴代防衛大臣の血液型

2021 年 10 月現在

O型（24 人） 1 位　46.2%	A型（14 人） 2 位　26.9%	B型（10 人） 3 位　19.2%	A B型（4 人） 4 位　7.7%
船田　中	有田　喜一	赤城　宗徳	江崎　真澄
福田　篤泰	宇野　宗佑	西村　直己	山中　貞則
松野　頼三	坂田　道太	増原　惠吉	池田　行彦
増田甲子七	山崎　拓	加藤　紘一	稲田　朋美
中曾根康弘	伊藤宗一郎	中西　啓介	
三原　朝雄	中山　利生	玉澤徳一郎	
金丸　信	衛藤征士郎	石破　茂	
大村　襄治	臼井日出男	林　芳正	
石川　要三	野呂田芳成	浜田　靖一	
谷川　和穂	中谷　元	岸　信夫	
田澤　吉郎	大野　功統		
愛知　和男	小池百合子		
神田　厚	一川　保夫		
久間　章生	岩屋　毅		
額賀福志郎			
瓦　力			
虎島　和夫			
斉藤斗志二			
高村　正彦			
北澤　俊美			
田中　直紀			
小野寺五典			
江渡　聡徳			
河野　太郎			

歴代科学技術庁長官の血液型

O型（5人） 2位　17.2%	A型（16人） 1位　55.2%	B型（4人） 3位　13.8%	AB型（4人） 3位　13.8%
中曾根康弘 山東　昭子 渡辺　省一 谷垣　禎一 中曾根弘文	荒木萬壽夫 三木　武夫 佐藤　栄作 愛知　揆一 上原　正吉 有田　喜一 鍋島　直昭 西田　信一 平泉　　渉 前田佳都男 森山　欽司 佐々木義武 宇野　宗佑 河野　洋平 三ツ林弥太郎 宮崎　茂一	足立　篤郎 二階堂　進 中村喜四郎 大島　理森	長田　裕二 中川　一郎 江田　五月 田中眞紀子

とは、一般社会でも見受けられます。客商売はOとABと私は端的に言っています。また、冠婚葬祭に向かないB型などともいいます。外務大臣の、この分布の仕方は当然でしょう。

倫理感が強い、清潔な印象のA型が文相に多くなり、国際間のパワーバランスを見極め、政治的テクニックを要求される防衛部門は、政治のOと根まわしのBでしょう。技術系の分野では、B型の率が常に濃くなります。

呆然となるのは旧科学技術庁

長官です。Ｏ型の少なさ、Ａ型の多さ。これは、Ｏ型の大まかな思考性とＡの丹念緻密な思考性を、ありありと浮き彫りにしているものといえます。

このような血液型分布調査を社会の各界に広げることにより、いままで大ざっぱに**主観的に語られて来た適性適職の問題も、しだいに科学的な正確さで明らかになることが期待されます。**

衆議院議員はＯ型からＡ型へ

次頁の図表は、衆議院議員をのべ６千人余り調査した結果です。期間としては、第32回（１９７２年）から第48回総選挙（２０１７年）までの45年間となります。以前は「点」としてとらえていたデータが、ついに一本の「線」に結ばれたのです。

最も特徴的なのは、昭和から平成、そして令和に向けて時代が変わるにつれて、徐々にＯ型が減少していることです。それとは反対に、Ａ型はＯ型が減るのを補うように増えています。攻めのＯ型は高度成長期に多かったのですが、低成長期になると守りに強いＡ型に徐々に交代しているようです。理由は、第1次石油ショック（１９７３年）

総選挙後における衆議院議員の血液型分布

回	投票日	O型（%）	A型（%）	B型（%）	AB型（%）	判明者数（人）	投票率（%）
32	1972/12/10	**37.6**	29.6	18.2	14.6	412	68.51
34	1976/12/05	**36.0**	30.9	18.3	14.8	453	73.45
36	1980/06/22	**35.9**	32.6	18.5	12.9	475	74.57
37	1983/12/18	32.1	**34.5**	20.1	13.3	386	67.94
38	1986/07/06	32.2	**36.0**	19.1	12.6	444	71.40
39	1990/02/18	31.1	**38.1**	18.3	12.8	361	73.31
40	1993/07/18	30.0	**36.0**	22.1	11.9	420	67.26
41	1996/10/20	30.8	**35.7**	20.9	12.6	不詳	59.86
42	2000/06/25	29.1	**36.4**	23.1	11.3	450	62.49
43	2003/11/09	29.6	**34.4**	23.1	12.9	459	59.86
44	2005/09/11	26.7	**35.6**	25.9	11.9	464	67.51
45	2009/08/30	27.2	**39.5**	23.0	10.3	431	69.28
46	2012/12/16	29.3	**39.4**	20.4	11.0	437	59.32
47	2014/12/14	27.4	**38.4**	23.1	11.0	445	52.66
48	2017/10/22	25.5	**38.5**	24.8	11.2	408	53.68
日本人平均		30.7	38.1	21.8	9.4	6,453	-

太字は最も多い血液型　　『B型女性はなぜ人気があるのか』（2016）ほか

と第2次石油ショック（1980年）としか考えようがありません。これを裏付けるように、リーマンショック（2008年）でもA型が増えました。経済情勢の変化は社会の雰囲気を大きく変えますから、それが衆議院議員の血液型にまで大きく影響するということなのでしょう……。

血液型は、地域別の経済の動向とも一致しています。妙にA型が多い

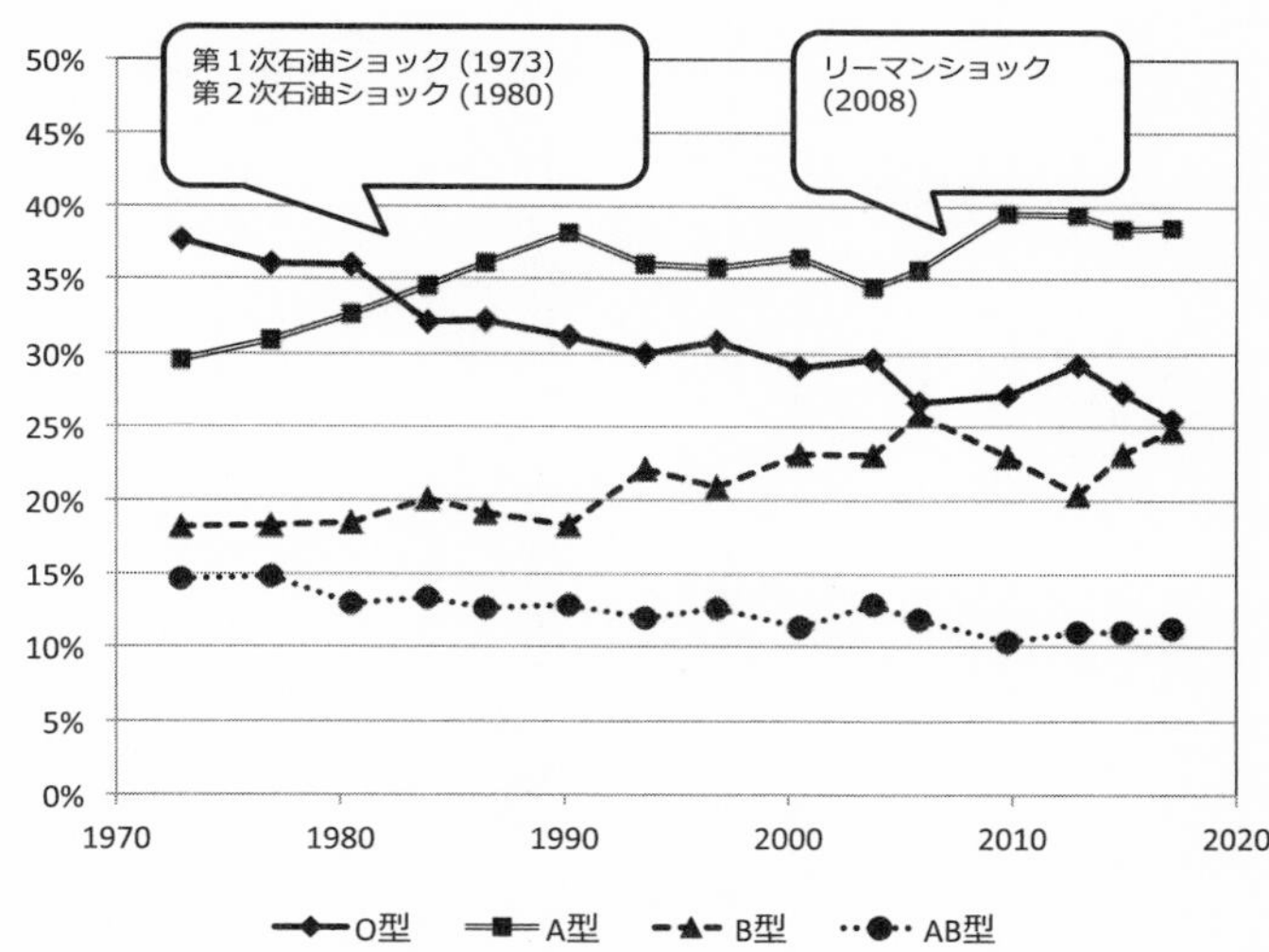

と思うと、そういう地域は景気が悪いことが多いのです。ここでは数字は出していませんが、たとえば、１９８０年代の地方圏でA型が増えている時期は、東京圏への転出超過が目立つ時期と一致しているのです。

次章では、カルチャーのデータについて解説します。

まとめ

・人気投票に強いのはＡ型とＡＢ型である。

・都知事とアメリカ大統領では特にＡＢ型が強い。

・首相は０型、外務大臣は０型とＡＢ型、防衛大臣は０型、文部科学大臣はＡ型とＡＢ型、旧科学技術庁長官はＡ型が多い。

・衆議院議員は、昔は０型が多かったが、現在はＡ型が多い。

【コラム】安倍内閣の血液型

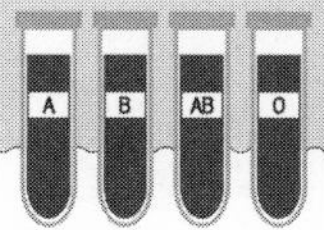

第2次から第4次安倍内閣の血液型分布

回	内閣	O型	A型	B型	AB型
1	第2次	6	7	5	2
2	第2次（1次改造）	4	12	3	2
3	第3次	3	11	5	2
4	第3次（1次改造）	4	8	8	1
5	第3次（2次改造）	3	9	7	3
6	第3次（3次改造）	5	6	7	2
7	第4次	5	7	7	2
8	第4次（1次改造）	9	7	5	0
9	第4次（2次改造）	4	7	7	2
-	合計	43 （23.1%）	74 （39.6%）	54 （28.9%）	16 （8.6%）
	日本人平均	30.7%	38.1%	21.8%	9.4%

※安倍首相本人、任期内辞任・就任した人数を含む。

【コラム】安倍内閣の血液型

上の表は、ABOセンターが調べた第2次〜第4次までの安倍内閣の閣僚の血液型を示しています。

危険率pは4・3%で、5%より小さいため統計的に有意です。つまり、安倍政権の閣僚は、B型が多く、O型が少ないことになります。うかつにも私は全く気が付きませんでした……。

安倍内閣は、国際的な基準で見ればリベラルで、外交面を除いてあまり冒険はせず、淡々と課題をこなしていったという印象を受けます。実行力のあるＯ型が少ないのは、原因なのか結果なのかは定かではありません。

これとは対照的に、２０２０年９月発足の菅内閣は、Ｏ型６人、Ａ型５人、Ｂ型７人、ＡＢ型３人で、ＢとＯの存在感が大きく、菅総理の手堅いイメージにもかかわらず、意外と改革志向だったようです。

２０２１年10月に発足した岸田内閣では、Ｏ型は８人、Ａ型が７人と２人ずつ増え、対してＢ型は３人と激減し、ＡＢ型は３人で変化なしです。血液型的に考えると、派手さはありませんが、着実そして確実に課題をこなしていく方向になりそうです。

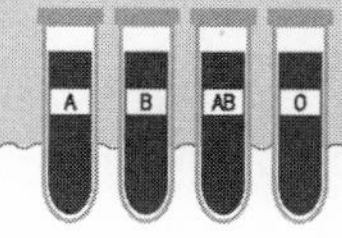

【コラム】血液型ジョーク

能見正比古

A型がルール、規則、法律に弱いことは、ほとんど体質的のようだ。

以前わたしの勤めていた出版社に、A型の編集局長がいた。覇気満々、大胆で勇気ある意見や批判を自慢にしていた。

企画会議で、きかない薬やいいかげんな市販薬を斬るといったプランが提案されたことがあった。話を聞いていたA型局長は、ふしぎそうに言った。

「きかない薬って、あるわけないだろ?」

「どうしてですか?」

「だって、みんな厚生省認可済みじゃないか」

やはりA型で、東大出。いつも革新的で科学性に富む意見を言う女の子がいた。あるとき、古代天皇稜を学術調査に公開すべきだという話題が出た。歴史学者や考古学者たちの渇望する話題だ。すると、彼女がボソッと言った。

「そんなこと言うべきじゃないわ。だって、それは、所有権は天皇家なんでしょ」

もっと驚いたのは、A型のわたしの長男［能見俊賢氏］の中学生時代である。母親が、通学の途中の自動車交通の激しさについて注意していた。

「だいじょうぶだよ、お母さん、ちゃんと信号を守って渡るし、横断歩道をキチンと渡ってるよ」

「お前がいくらそうしても、自動車のほうが守らないことがあるからね。ちゃんと、やっぱり、左右をよく見るんだよ」

長男はキッパリ言った。

「たとえ、ひかれても、それは、向こうが悪いんだから――」


（1980年12月号）

第三章　カルチャーと血液型

歴史小説のA型 vs 推理小説のO型

小説家の血液型は、能見正比古氏が過去に調査をしていますので、分析はそれほど難しいことではありません。ここでは、最近のデータを追加した一覧を作成してみました。結論ですが、現在でも基本的な傾向は変わっていないと言っていいようです。

分野ごとの傾向を見てみると、歴史小説では司馬遼太郎氏に代表されるようにA型が多く、これとは対照的に、ＳＦ作家ではA型が激減し、代わってO型やB型が多くなっています。推理小説はこの2つの中間で、O型とＡＢ型がやや多いといったように、いずれの分野も際立った特徴を示しています。能見氏の『新・血液型人間学』（40頁）には、作家の佐野洋氏から聞いた話として、推理作家の佐野洋は、時にＳＦも書くが、全く頭の働かせ方が違うと体験的に述べる。推理小説を書くときは一点に向かって頭を絞って行く感じ。ＳＦのほうは思考をどんどん拡散させて行く。同じ創作の頭脳活動が、方向が正反対だというのである。

とあります。Ａ型はいわゆる水平思考、つまり思考をどんどん拡散させるのはかなり苦手なので、これがＳＦ作家にＡ型が少ない理由なのかもしれません。

ただ、Ａ型が娯楽性に優れているのは間違いないようで、それは推理小説の赤川次郎、西尾維新氏などの作風を見れば一目瞭然でしょう。後述しますが、売れている漫画家にはＡ型が多いのです。言うまでもありませんが、漫画は文字より直接的に人の視覚に訴えるエンターテインメントだからです。

ここでも、能見正比古氏の解説を紹介しておきましょう。

＊　　　　＊

文学や美術など芸術表現の面でも、血液型が色こく現われる形勢です。小説などは多彩多様な内容を持っているため、〝小説家〟というだけでは、ややＡ型が少な

歴史作家

O型	A型	B型	AB型
4人	15人	5人	2人
井出　孫六	池波 正太郎	井口　朝生	長谷川　伸
永井　路子	尾崎　士郎	杉本　苑子	山田風太郎
南条　範夫	海音寺潮五郎	藤沢　周平	
村上　元三	五味　康祐	井沢　元彦	
	沙羅　双樹	五木　寛之	
	司馬遼太郎		
	柴田錬三郎		
	陳　舜臣		
	戸部新十郎		
	平岩　弓枝		
	山岡　荘八		
	吉川　英治		
	浅田　次郎		
	北方　謙三		
	宮部みゆき *		

* は、SF 作家、推理作家にもある
『血液型と性格ハンドブック』(1981)　ほか

そうに見えるだけで、血液型の影響はさほど顕著とも思えません。が、小説を種別にすると、たちまち顕著な血液型の偏りが現れてきます。

次の表は、日本における歴史作家、SF作家、推理作家の血液型名簿です。歴史作家の中に、A型が多いのには驚かされます。これは一つには、史料や記録を丹念に調べる作業が、A型向きとも考えられます。事実、記録文学者やドキュメント・ライターの中にも、A型、それについで

SF 作家

O型	A型	B型	ＡＢ型
11 人	3 人	9 人	5 人
荒巻　義雄 海野　十三 高斎　　正 田中　光二 豊田　有恒 半村　　良 広瀬　　正 星　　新一 横田　順彌 新井　素子 冲方　　丁	小松　左京 梶尾　真治 宮部みゆき	石川　喬二 鏡　　　明 かんべむさし 筒井　康隆 都筑　道夫 眉村　　卓 荒俣　　宏 栗本　　薫 森　　博嗣	石原　藤夫 平井　和正 光瀬　　龍 山野　浩一 富野由悠季

『血液型と性格ハンドブック』(1981)　ほか

推理作家

O型	A型	B型	ＡＢ型
15 人	14 人	5 人	3 人
井口　泰子 江戸川乱歩 加納　一郎 樹下　太郎 笹沢　佐保 島田　一男 草野　唯雄 高木　彬光 戸川　昌子 三好　　徹 森村　誠一 横溝　正史 有栖川有栖 綾辻　行人 野沢　　尚	生島　治郎 菊村　　到 佐野　　洋 高原　弘吉 多岐川　恭 仁木　悦子 松本　清張 結城　昌治 赤川　次郎 逢坂　　剛 島田　荘司 辻　　真先 西尾　維新 宮部みゆき *	斎藤　　栄 夏木　静子 京極　夏彦 法月綸太郎 西村京太郎	我孫子武丸 麻耶　雄嵩 山田風太郎

* は、SF 作家、歴史作家にもある
『血液型と性格ハンドブック』(1981)　ほか

B型が目立っています。

作家だけではなく、一般のA型の中にも歴史好きが大変に多いのです。旅行に出ても、史跡の多さを想像したくなります。テレビの視聴率調査も、こうした血液型別の好みを調べれば、ずっと内容的意味が深まるでしょう。

SF作家にA型が少なく、推理作家にB型とAB型が少ないのも注目すべき現象です。ここまで来ると、問題は血液型による思考機能の違いへと発展します。将来の教育学にとっても、重要な課題となりましょう。

お断りしておきますが、SF作家といっても、SFと名が付いていれば同じと考えるべきではありません。アメリカのSF作家では、A型がかなり多いのです。それは、娯楽作品から出発したアメリカと、SFマニアの集団からスタートした日本との、SF界の事情の違いによるものでしょう。日本でも娯楽SFがポピュラーになれば、A型のSF作家が、どんどん出てくることは考えられます。

（『血液型と性格ハンドブック』35—37頁、表現を微修正した）

歴代発行部数ランキング

順位	血液型	作者・作品	出版部数	巻数
1	A	尾田栄一郎 ONE PIECE	4億8,000万部	97
2	A	さいとう・たかを ゴルゴ13	2億8,000万部	199
3	A	鳥山明 ドラゴンボール	2億6,000万部	42
4	O	岸本斉史 NARUTO	2億5,000万部	72
5	B	青山剛昌 名探偵コナン	2億3,000万部	98
6	A	秋本治 こちら葛飾区亀有公園前派出所	1億5,650万部	200
7	A	雁屋哲・作 美味しんぼ	1億3,000万部	111
8	B	井上雄彦 SLAM DUNK	1億2,000万部	31
8	?	吾峠呼世晴 鬼滅の刃	1億2,000万部	23
8	O	久保帯人 BLEACH	1億2,000万部	74
11	O	藤子・F・不二雄 ドラえもん	1億　部	45
11	A	手塚治虫 鉄腕アトム	1億　部	21
11	B	荒木飛呂彦 ジョジョの奇妙な冒険	1億　部	130
11	AB	あだち充 タッチ	1億　部	26
11	O	金成陽三郎・原作 金田一少年の事件簿	1億　部	34
11	A	原哲夫 北斗の拳	1億　部	15
11	A	諫山創 進撃の巨人	1億　部	32
18	O	森川ジョージ はじめの一歩	9,600万部	123
19	B	長谷川町子 サザエさん	8,600万部	45
20	B	井上雄彦 バガボンド	8,200万部	37
21	B	ゆでたまご キン肉マン	7,500万部	72
21	?	板垣恵介 BAKI	7,500万部	31
23	A	冨樫義博 HUNTER×HUNTER	7,200万部	36
23	A	和月伸宏 るろうに剣心	7,200万部	28
25	O	横山光輝 三国志	7,000万部	60
25	A	高橋陽一 キャプテン翼	7,000万部	37
25	A	荒川弘 鋼の錬金術師	7,000万部	27
25	A	原泰久 キングダム	7,000万部	60
29	A	真島ヒロ FAIRLY TAIL	6,300万部	63
30	B	神尾葉子 花より男子	6,100万部	37

（出典：漫画全巻ドットコム https://www.mangazenkan.com）

A型が強い漫画家

前頁の表は、２０２０年末時点における、発行部数上位30位までの漫画の単行本のデータです。血液型判明者は、A型14人、B型７人、O型６人、AB型１人で、A型が一番多くなっています。このA型優位の傾向は、出版部数ベースではさらに際立ってきます。

漫画の出版部数血液型別ランキング（かっこ内は日本人平均）

１位　A型　20億２３５０万部　56・０％（38・１％）
２位　B型　７億５４００万部　20・９％（21・８％）
３位　O型　７億３６００万部　20・４％（30・７％）
４位　AB型　１億部　２・８％（９・４％）

同じ漫画全巻ドットコムから、１巻当たりの出版部数を計算してみたのが次頁の表です。上位10人中、A型は5人、Oが型２人、B型とAB型はそれぞれ1人ずつ、不明が１人となっています。エンターテイナーとしてはA型が一番強いようですね。娯楽作品にA型が多い傾向は、能見正古比氏の指摘するように、アメリカのSF作家とも酷似して

1巻当たりの発行部数

順位	血液型	作者・作品	出版部数	1巻当たり	巻数
1	A	原哲夫 北斗の拳	1億　　部	666.7 万部	15
2	A	鳥山明 ドラゴンボール	2億6,000万部	619.0 万部	42
3	?	吾峠呼世晴 鬼滅の刃	1億2,000万部	521.7 万部	23
4	A	尾田栄一郎 ONE PIECE	4億8,000万部	494.8 万部	97
5	A	手塚治虫 鉄腕アトム	1億　　部	476.2 万部	21
6	B	井上雄彦 SLAM DUNK	1億2,000万部	387.1 万部	31
7	AB	あだち充 タッチ	1億　　部	384.6 万部	26
8	O	岸本斉史 NARUTO	2億5,000万部	347.2 万部	72
9	A	諫山創 進撃の巨人	1億　　部	312.5 万部	32
10	O	金成陽三郎 金田一少年の事件簿	1億　　部	294.1 万部	34

います。これが、スポンサーやファンサービスを重視している最近の女子ゴルフでA型が強い理由の一つなのではないでしょうか。

まだやっていませんが、ひょっとして小説家のように分野別に分析すれば面白いことが発見できるかもしれませんね。作品の分類によって多い血液型が変わってくることになれば、まさにいままでの数字が物語ることと一致することになります。

女性タレントはB型が人気

現在の女性タレントはB型が人気です。手始めに、半年に1回実施されている、オリコンのテレビタレントイメージ調査の結果を見てみましょう。次頁の表は、２００２年から２０２０年まで

テレビタレントイメージ調査　（出典：Wikipedia）

調査時期	1位	2位	3位
2002年2月	山口智子 A	松嶋菜々子 A	黒木　瞳 A
2002年8月	山口智子 A	宇多田ヒカル A	久本雅美 A
2003年2月	黒木　瞳 A	久本雅美 A	樹木希林 A
2003年8月	山口智子 A	久本雅美 A	松嶋菜々子 A
2004年2月	黒木　瞳 A	山口智子 A	松嶋菜々子 A
2004年8月	竹内結子 A	久本雅美 A	山口智子 A
2005年2月	黒木　瞳 A	山口智子 A	仲間由紀恵 A
2005年8月	ドリカム A	仲間由紀恵 A	黒木　瞳 A
2006年2月	ドリカム A	仲間由紀恵 A	黒木　瞳 A
2006年8月	仲間由紀恵 A	ドリカム A	天海祐希 O
2007年2月	ドリカム A	仲間由紀恵 A	天海祐希 O
2007年8月	ドリカム A	ベッキー AB	浅田真央 B 仲間由紀恵 A 山口智子 A
2008年2月	ドリカム A	浅田真央 B	吉永小百合 O
2008年8月	ドリカム A	仲間由紀恵 A	ベッキー AB
2009年2月	浅田真央 B	ベッキー AB	吉永小百合 O
2009年8月	ベッキー AB	天海祐希 O	浅田真央 B
2010年2月	ドリカム A	浅田真央 B	ベッキー AB
2010年8月	天海祐希 O	浅田真央 B	ドリカム A
2011年2月	浅田真央 B	天海祐希 O	ベッキー AB ドリカム A
2011年8月	ベッキー AB	天海祐希 O	ドリカム A
2012年2月	浅田真央 B		天海祐希 O
2012年8月	綾瀬はるか B	浅田真央 B	天海祐希 O
2013年2月	綾瀬はるか B	浅田真央 B	天海祐希 O
2013年8月	綾瀬はるか B	浅田真央 B	天海祐希 O
2014年2月	浅田真央 B	綾瀬はるか B	ドリカム A
2014年8月	浅田真央 B	綾瀬はるか B	天海祐希 O
2015年2月	浅田真央 B	綾瀬はるか B	天海祐希 O
2015年8月	浅田真央 B	綾瀬はるか B	ドリカム A
2016年2月	綾瀬はるか B	浅田真央 B	天海祐希 O
2016年8月	綾瀬はるか B	浅田真央 B	天海祐希 O
2017年2月	綾瀬はるか B	新垣結衣 A	天海祐希 O
2017年8月	新垣結衣 A	浅田真央 B	天海祐希 O
2018年2月	綾瀬はるか B	新垣結衣 A	天海祐希 O
2018年8月	綾瀬はるか B	新垣結衣 A	天海祐希 O
2019年2月	綾瀬はるか B	新垣結衣 A	天海祐希 O
2019年8月	綾瀬はるか B	新垣結衣 A	天海祐希 O
2020年2月	綾瀬はるか B	新垣結衣 A	天海祐希 O
2020年8月	新垣結衣 A	綾瀬はるか B	天海祐希 O

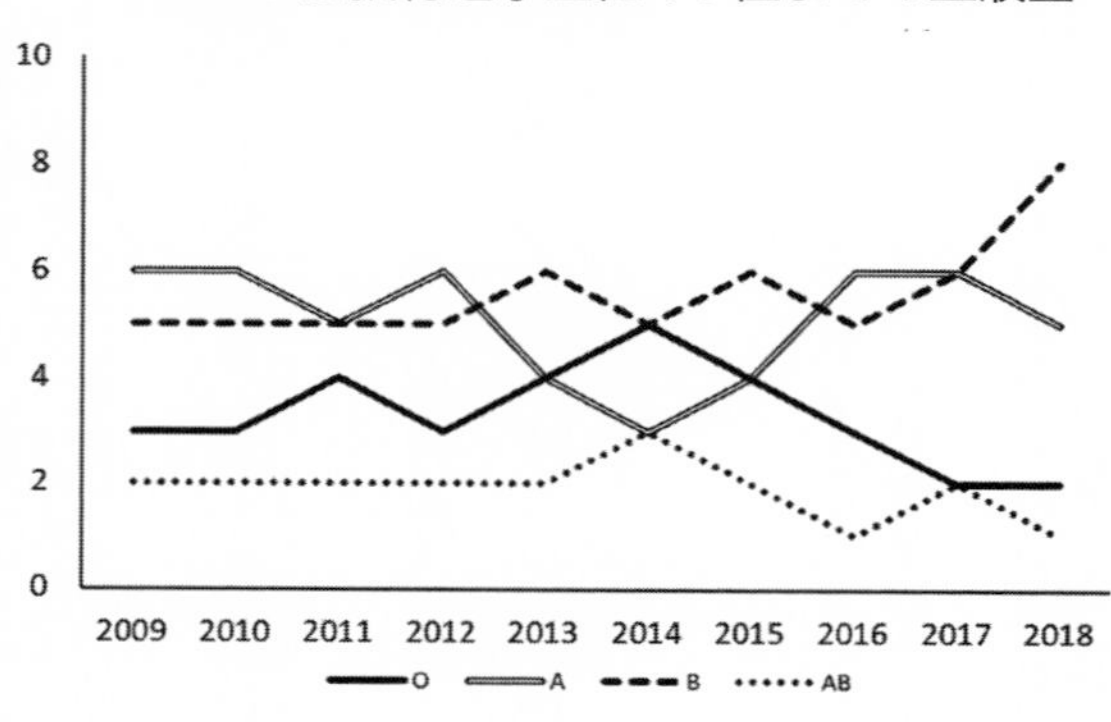

の歴代ベスト3女性タレントの一覧です。

直感的にわかるように、A型を枠線、B型を網掛けの**太字**にしてみました。2008年ごろを境にして、以前は圧倒的な人気だったA型が、B型に逆転されたことがわかります。もっとも、最近ではドラマ「逃げるは恥だが役に立つ」のヒロイン役で、「恋ダンス」が大ヒットしたA型の新垣結衣の人気も高まっているようです。なお、ここでは数字は出しませんが、1970年ぐらいまではO型の女性タレントが目立っていました。

別な例として、AKB48選抜総選挙の結果を見てみましょう。上のグラフは、2009年に始まった第1回から最後の2018年の第10回まで、上位16位の血液型別人数を集計したものです。

第1回から第4回までは、前田敦子に代表される

現役九段以上の血液型

調査時期	O型	A型	B型	AB型	出典
1998年	1人	**7人**	3人	2人	『将棋王手飛車読本』
2015年	**12人**	9人	5人	3人	『将棋年鑑』
2018年	10人	**12人**	5人	3人	『血液型別将棋棋士一覧』

太字は最多の血液型

A型勢が多かったのですが、これまた2013年ごろを境にして、大島優子などのB型勢に逆転されたことがわかります。ただ、その後になると、またA型が増えてきたようです。これは、AKB48の姉妹グループのメンバーが続々ランクインしてきた影響だと思いますが、確実なことを言うためには、もう少し細かい分析が必要になるでしょう。

B型女性が人気なのは、エンターテインメントのメディアがテレビからネットに移りつつあるからでしょうか。AKBに限って言えば、握手会の影響も大きいはずですが、残念ながら確たるエビデンスは発見できませんでした。

時代で変わる将棋棋士

最近の将棋界のもっぱらの話題としては、A型の藤井聡太二冠が、破竹の快進撃を続けていることが挙げられます。藤井二冠の

名人と挑戦者の血液型

年度		名人		挑戦者
1937-1938	A	木村 義雄	-	-
1939-1940	A	木村 義雄	?	土居市太郎
1941-1942	A	木村 義雄	?	神田辰之助
1943-1944	A	木村 義雄	-	-
1945-1946	A	木村 義雄	-	-
1947	A	木村義雄	?	塚田正夫
1948	?	塚田正夫	B	大山康晴
1949	?	塚田正夫	A	木村義雄
1950	A	木村義雄	B	大山康晴
1951	A	木村義雄	A	升田幸三
1952	A	木村義雄	B	大山康晴
1953	B	大山康晴	A	升田幸三
1954	B	大山康晴	A	升田幸三
1955	B	大山康晴	?	高島一岐代
1956	B	大山康晴	?	花村元司
1957	B	大山康晴	A	升田幸三
1958	A	升田幸三	B	大山康晴
1959	A	升田幸三	B	大山康晴
1960	B	大山康晴	A	加藤一二三
1961	B	大山康晴	?	丸田祐三
1962	B	大山康晴	B	二上達也
1963	B	大山康晴	A	升田幸三
1964	B	大山康晴	B	二上達也
1965	B	大山康晴	?	山田道美
1966	B	大山康晴	A	升田幸三
1967	B	大山康晴	B	二上達也
1968	B	大山康晴	A	升田幸三
1969	B	大山康晴	B	有吉道夫
1970	B	大山康晴	B	灘　蓮照
1971	B	大山康晴	A	升田幸三
1972	B	大山康晴	B	中原　誠
1973	B	中原　誠	A	加藤一二三
1974	B	中原　誠	B	大山康晴
1975	B	中原　誠	B	大内延介
1976	B	中原　誠	AB	米長邦雄
1977		(主催者移行のため中止)		
1978	B	中原　誠	A	森　雞二
1979	B	中原　誠	AB	米長邦雄
1980	B	中原　誠	AB	米長邦雄
1981	B	中原　誠	O	桐山清澄
1982	B	中原　誠	A	加藤一二三
1983	A	加藤一二三	O	谷川浩司
1984	O	谷川浩司	B	森安秀光
1985	O	谷川浩司	B	中原　誠
1986	B	中原　誠	B	大山康晴
1987	B	中原　誠	AB	米長邦雄
1988	B	中原誠	O	谷川浩司
1989	O	谷川浩司	AB	米長邦雄
1990	O	谷川浩司	B	中原　誠
1991	B	中原　誠	AB	米長邦雄
1992	B	中原　誠	A	高橋道雄
1993	B	中原　誠	AB	米長邦雄
1994	AB	米長邦雄	AB	羽生善治
1995	AB	羽生善治	AB	森下卓
1996	AB	羽生善治	O	森内俊之
1997	AB	羽生善治	O	谷川浩司
1998	O	谷川浩司	O	佐藤康光
1999	O	佐藤康光	O	谷川浩司
2000	O	佐藤康光	A	丸山忠久
2001	O	丸山忠久	O	谷川浩司
2002	O	丸山忠久	O	森内俊之
2003	O	森内俊之	AB	羽生善治
2004	AB	羽生善治	O	森内俊之
2005	O	森内俊之	AB	羽生善治
2006	O	森内俊之	O	谷川浩司
2007	O	森内俊之	O	郷田真隆
2008	O	森内俊之	AB	羽生善治
2009	AB	羽生善治	O	郷田真隆
2010	AB	羽生善治	A	三浦弘行
2011	AB	羽生善治	O	森内俊之
2012	O	森内俊之	AB	羽生善治
2013	O	森内俊之	AB	羽生善治
2014	O	森内俊之	AB	羽生善治
2015	AB	羽生善治	O	行方尚史
2016	AB	羽生善治	A	佐藤天彦
2017	A	佐藤天彦	AB	稲葉陽
2018	A	佐藤天彦	AB	羽生善治
2019	A	佐藤天彦	B	豊島将之
2020	B	豊島将之	O	渡辺　明
2021	O	渡辺　明	A	斎藤慎太郎

（網掛けが勝利者、1977 年度は主催者変更中のため中止、太枠は現役棋士）

せいもあるのか、現在の最大勢力はA型棋士で、数年前にO型を逆転してしまいました。もう一つの出来事としては、ＡＢ型の羽生九段が竜王戦でA型の広瀬章人八段に敗れ、すべてのタイトルを失って無冠となったことが挙げられます。

ところが、過去のデータを調べてみると、20年ほど前には、O型棋士はほとんど目立ちません。１９９８年のデータ（１２７頁の表）を見ると、現役で九段以上はたったの1人で、最も少ない血液型だったのです。O型が急激に増えたのは、どうやらＡＢ型の羽生九段に対して、O型の勝率が高いことが原因のようです。かなり昔の１９７３年のデータが、能見正比古氏の『血液型人間学』にあります。それによると、プロ棋士の血液型は、多い順にA型12人、B型7人、O型5人、ＡＢ型３人。やはり昔のO型棋士は、どちらかというと少数派です。

もう少し詳しく調べてみたいのですが、過去に遡って棋士全員の血液型を調べるのは時間的にも不可能です。そこで、８つのタイトルのなかで最高峰とされ、最も歴史の長い名人戦のデータを分析した結果を報告しておきます（前頁）。ここでまた、少々不思議なことを発見しました。なぜか、将棋の名人と挑戦者には、２０２1年現在だとB型の現役棋士は豊島九段の1人だけです。

名人戦の勝者のうち、最ものべ人数が多いのは、B型の35人で、続いてO型が17人、A型が16人、AB型が一番少なくて10人です。これではあまりにも人数が少ないので、挑戦者の血液型も調べてみました。ここでもB型が最も多くて52人、次はO型の35人、僅差でA型の32人とAB型の28人が続きます。

【歴代名人（獲得年順）】
木村義男（A型）、大山康晴（B型）、升田幸三（A型）、中原誠（B型）、
加藤一二三（A型）、谷川浩司（O型）、米長邦雄（AB型）、羽生善治（AB型）
佐藤康光（O型）、丸山忠久（O型）、森内俊之（O型）、佐藤天彦（A型）、
豊島将之（B型）、渡辺明（O型）

もう少しよく調べてみると、O型が増えてきた理由は、どうやら米長邦雄九段と、羽生善治九段の2人のAB型の出現にあると考えられます。というのは、次頁の表のとおり、名人戦で対戦した血液型は、名人と挑戦者が対照的な血液型である組み合わせが多いからです（A型 vs B型、O型 vs AB型）。AB型に強いのは、経験則ではO型で、対

名人の血液型		挑戦者の血液型						
		O型	A型	B型	AB型	不明	対戦なし	総計
	O型	6	1	3	**8**			18
	A型	1	1	**5**	2	3	3	15
	B型	4	**12**	9	6	4		35
	AB型	**6**	2		2			10
	不明		1	1				2
	総計	17	17	18	18	7	3	80

☞名人戦で対戦した血液型は、名人からみると対照的な血液型が多い
(A vs B、O vs AB、太字で示す)

してB型はA型に強いようです。

A型とB型の棋風については、こんなことが言われています。

・A型は一定の「型」、つまり定跡を重視する

・B型は型を重視せずに、柔軟に対応する

もっとも、どちらの血液型が強いのかというのは微妙です。将棋が手探りの時代に強かったのは、定跡を身につけたA型の木村義雄名人でした。それを打ち崩したのは、定跡にとらわれず、独特の勝負感を身に付けた、B型の大山康晴名人や中原誠名人でした。大山・中原のB型優位の時代は、戦後まもなくから1980年代までで、30年以上の長期間続きます。しかし、その後に、パソコンに堪能な羽生善

治九段が登場し、名人、王将、棋聖など、当時7つのすべてのタイトルを総なめにして将棋界を席巻します。ＡＢ型は、物事を多面的に捉え、分析するのが得意ですし、大好きなのです。

しかし、そうして勝ちパターンが見えてくると、Ｏ型の棋士が活躍し始めます。Ｏ型は、目標が明確に設定され、手段もはっきりすると猛烈な強さを発揮するからです。最近では、定跡もかなり整備されたそうで、そうなると「型」を身につけるのが得意な棋士、つまり藤井聡太二冠に代表されるA型が伸びてくることになりました。

結局、結論としては、将棋に向いている血液型は「ない」ということです。第一章のスポーツで見たように、勝つための条件が一定していれば、それは特定の血液型に有利に働きます。逆に、ルールが同じでも、状況が変化すれば有利な優位な血液型も違ってきます。なんとなく、仁義なき戦国時代を連想させる風景ですね。私はつい、「最も強い者が生き残るのではなく、最も賢い者が生き延びる訳でもない。唯一生き残るのは、変化できる者である」というダーウィンの進化論の一節を思い出しました。

ノーベル賞受賞者の血液型

柔らかい話が続いたので、今度はもう少し真面目なテーマに移ります。

一昔前には、日本人がノーベル賞を受賞したということが大ニュースになりました。しかし、最近では毎年のように誰かが受賞しているので、騒ぎもかつてほどではないようです。では、ノーベル賞をとりやすい血液型というのはあるのでしょうか。

文学、平和賞を除く理系の賞の受賞者を数えてみると、現在までにO型4人、A型2人、B型3人、AB型3人が受賞しています。血液型の不明者が多いので断定はできませんが、この数字から判断すると、ややA型が少ないように思えます。

理系の賞は、文系とは違って、オリジナリティーが最重要視されます。ノーベル賞の選考委員会は、新発見や新技術を製品化・企業化したとか、応用面に功績があったかということはほとんど問題にしません。そうではなく、誰が最初にそのアイデアを思いついたかを徹底的に調べ上げるのです。A型は細かな改善が得意ですが、全く新しいものを考え出すのはやや苦手な様子が見て取れます。ただし、これは日本人の傾向なので、欧米などの海外では別な傾向になっている可能性も捨てきれませんが……。

ノーベル賞受賞者

	受賞年	受賞者	血液型	分野
血液型判明者	1949	湯川秀樹	O	物理
	1965	朝永振一郎	A	物理
	1968	川端康成	O	文学
	1973	江崎玲於奈	AB	物理
	1974	佐藤栄作	A	平和
	1981	福井謙一	A	化学
	1987	利根川進	AB	生理学・医学
	1994	大江健三郎	A	文学
	2000	白川英樹	B	化学
	2001	野依良治	O	化学
	2002	小柴昌俊	O	物理
	2002	田中耕一	B	化学
	2012	山中伸弥	B	生理学・医学
	2015	大村　智	O	生理学・医学
血液型不明者	2008	南部陽一郎		物理
	2008	小林　誠		物理
	2008	益川敏英		物理
	2008	下村　脩		化学
	2010	鈴木　章		化学
	2010	根岸英一		化学
	2014	赤﨑　勇		物理
	2014	天野　浩		物理
	2014	中村修二		物理
	2015	梶田隆章		物理
	2018	本庶　佑		生理学・医学
	2019	吉野　彰		化学

まとめ

・小説家と漫画家は、サービス精神にあふれ、エンターテインメント性に優れるA型が強い。
・SFと推理小説はA型が少ない。
・女性タレントは、O型→A型→B型とメディアの技術革新によって人気が変わるらしい。
・ノーベル賞の理系の賞は、独創的な発明・発見に授与されるためか、改良・改善が得意なA型が少ない傾向がある。
・将棋は、強い血液型がA型→B型→AB型→O型と時代によって変わってきている。

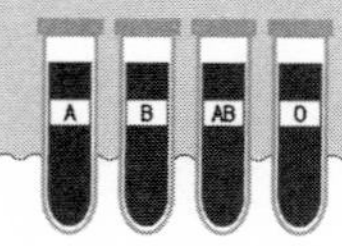

【コラム】血液型のうた

シンガーソングライターの西野カナさんはA型です。

私が見るに、彼女の歌詞のポイントは「お笑い」あるいは「癒やし系」でしょう。断じて、いわゆる「肉食系」ではありません。このお笑いの取り方が、リスナーのツボを心得ていて実にうまいのです。能見正比古氏の本では、A型はお笑いが大好きで、それはストレスを解消するためだとあったかと記憶していますが、見事にぴったり当てはまっているようです。そうしたら、なんと2016年に、ずばりそのものの「A型のうた」という曲を発表したのでびっくりしました。

♪几帳面で有名だけど

♪部屋は散らかってる意外と

まあ、そりゃそうでしょう。A型にもいろいろな人がいます。私の知っているA型女性でも、部屋が散らかっている人は数え切れない……とは言いませんが、結構います。

♪だけどドアが1㎝でも開いていたらもう眠れない

これは、A型の安全指向性でしょうか。B型はそうじゃないし、AB型は眠くなったら寝てしまうので……。
♪だって私A型だし
♪やっぱりあれこれと細かい
♪たまにマイペース……
別な曲の「Darling」では、
♪まだテレビつけたままで スヤスヤ どんな夢見てるの?
♪靴下も裏返しで もー、誰が片づけるの?
これはお笑い、そしてよく気がつくA型ということでしょう。他の血液型だったら、ここまで細かいことを気にしないのではないかなと思うのですが……。
いずれにせよ、他の血液型だったらこういう歌詞にはならないと思います。最近聞いた話だと、西野カナさんは曲のとおりの性格で、やはり完璧主義だそうです。さすがA型!

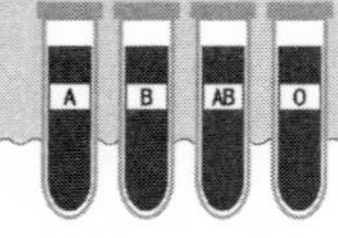

【コラム】紅白歌合戦の血液型

女性歌手やタレントでは、以前はテレビと相性がいいA型が圧倒的に優勢でした。更に時代を1972年以前に遡れば、O型歌手がすばぬけます。能見正比古氏によると、過去にO型歌手が多かったのは、歌唱力に優れているからとのこと。

能見氏は、1973年以降のNHK紅白歌合戦の出場歌手でA型が大幅に増えたのは、テレビの普及で「フィーリング」が重視される傾向が強まったためと主張します。

> テレビの普及で、芸能文化がいよいよ大衆化するにつれて、演技や歌の技術（タレント）以上に、スターのフィーリングが大きな商品価値になって来ます。
>
> （中略）
>
> 最近、私が指摘するものの一つに、NHK紅白歌合戦の出場歌手の血液型の変遷があります。1971—72年ぐらいの出場歌手は、常にO型が男女ともに最多数で、女性歌手にいたっては半数近くがO型だったのです。それが大体、1973年

を境として、がらりと変わってしまいました。A型が男女を通じて圧倒的多数になり、O型が見違えるくらい少数派となったのです。

この原因もいろいろ考えられますが、気がつくのは、この1973年に、A型の山口百恵、森昌子、O型の桜田淳子と3人の少女歌手が、男性ではA型の郷ひろみ、野口五郎、それにAB型の西城秀樹3人のヤングが、華々しくデビューした時期です。それをきっかけとするように、若いアイドルスターの全盛期を迎え、ファン層の年齢も見る見る低下し、少年少女が中心となって来ました。歌唱力よりもフィーリングが、歌手の人気を決定するようになったともいえます。

いろいろな人気投票やアイドルスターの状況を見ても、フィーリングが人気を集めるのは、まず、A型、AB型、B型、O型の順序です。歌の世界も、こうした社会の風潮に押し流されたといえます。つまり歌は

紅白出場歌手ランキング

	1972 年まで	1973 年から 1980 年まで
O 型	1 位 37.0%	3 位⬇ 16.0%
A 型	2 位 33.3%	**1 位⇧ 48.0%**
B 型	3 位 15.8%	2 位⇧ 22.0%
AB 型	4 位 13.9%	4 位⇨ 14.0%

『血液型と性格ハンドブック』(1981)

世につれ、血液型も世につれたわけですね。

（『血液型と性格ハンドブック』39—44頁）

能見正比古氏の説明は極めて的確です。

しかし、なぜ突然、1973年を境にしてアイドルが続々とブレークすることになったのでしょう。理由としては「テレビの普及」とあります。しかし、この解説だけで納得する読者は少ないでしょう。なぜなら、当時でも白黒テレビは相当普及していたからです。

アイドルの大量出現は、あるいはカラーテレビの普及が理由かもしれません。1973年の前年である1972年には、日本のカラーテレビの普及率が50％を超えました。これは、マスメディアやエンタメの中心がテレビに移ったことを象徴する出来事です。ではなぜ、白黒がカラーになるのが、それほど劇的な変化につながるのでしょうか。

実は、この現象は脳の受け取る情報量から説明可能です

脳は、五感である視覚、聴覚、触覚、味覚、嗅覚から情報を受け取っています。内訳

【コラム】紅白歌合戦の血液型

は、視覚が圧倒的で全情報の87%、第2位は相当差が付いて聴覚の7%です。注目すべきは、視覚情報のなんと80%以上が「色」から得られる情報ということです。

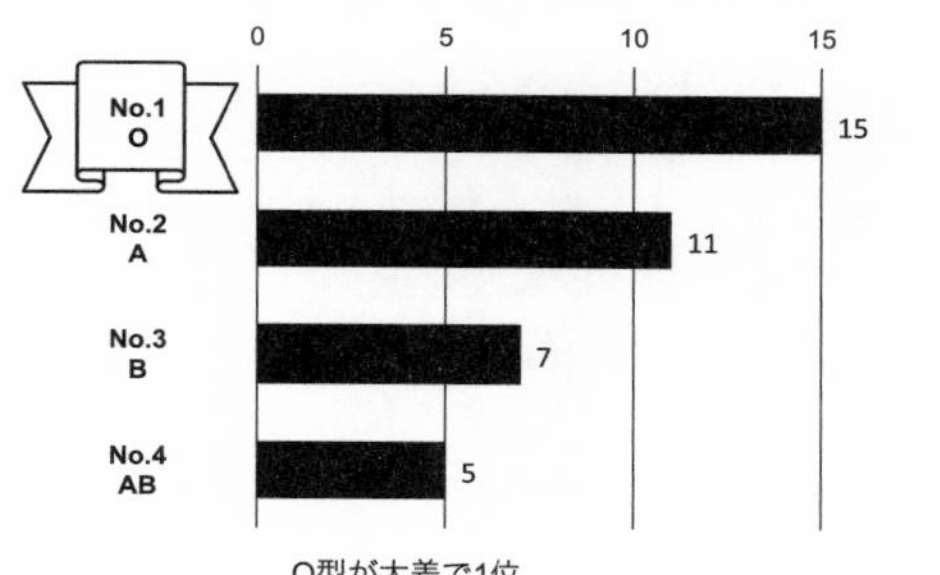

O型が大差で1位

１９８０年紅白出場歌手ランキング
血液型と性格ハンドブック(1981)　人

0　10　20　30

No.1 A　21
No.2 B　9
No.3 O　6
No.4 AB　4

A型がダブルスコアで1位

言い換えれば、白黒テレビが伝えられるのは本来の視覚情報のわずか20%にとどまります。当時一般的だった20インチ程度の白黒テレビで、視覚と聴覚の影響度を試算してみました。結果ですが、視覚が全体の40%程度、聴覚は60%程度で、聴覚情報がやや優位になります。それが、カラーテレビ時代になると、視覚情報は以前の5倍と激増し、聴覚に対して圧倒的に優位に立ちます。こうなると、テレビ番組の作り手側も、従来の歌唱力=聴覚に優れるアーティストではなく、ビジュアルな魅力に訴えるアイドル路線に力を入れるしかありません。その結果、1970年代になると、ビジュアルやフィーリング重視のアイドルが続々とデビューし、商業的にも大成功を収めるようになったのではないでしょうか。

第四章　愛情と恋愛と血液型

データで見る愛情と恋愛

この章では、愛情と恋愛の場面で際立つ血液型の特徴を、実際の数字で確認します。血液型と性格のパイオニアである能見正比古氏は、著書『血液型愛情学』（１９４頁）で、「O型はまっしぐらに相手を獲得しようとする」「A型は一筋に思い詰めて損得利害を忘れる」「B型は、ただ相手との接触に熱中し、没頭する」「AB型は、ひとり憧れをエスカレートさせる」と述べています。

これらの特徴を簡単にまとめると、**O型は一番異性獲得能力が高く、AB型が最も低い**ことになります。

同じ『血液型愛情学』（１４４頁）では、男性の女性タレントへの好感度を分析し、男性は違う血液型の女性に惹かれ、それとは反対に、**同じ血液型だと惹かれにくい**とあります。

次からは、これらの傾向、つまり①O型は異性獲得能力が高い、②AB型は異性獲得能力が低い、③同じ血液型同士は惹かれにくい、を実際のデータで確認してみることにしましょう。

熱い恋のランキング

まずは、〝熱い恋〟のランキングについて、能見氏の解説を読んでみてください。①②③がすべて具体的な数字で裏付けられています。

次の表は、恋愛結婚の回答率を多い順に並べたものである。回答の〝熱い恋愛〟と〝まあ恋愛〟の合計値は、つまり恋愛結婚と言うことだ。O型が男女とも、多く上位に分布する（太字）ことが歴然としている。恋愛のステージは、なんと言ってもO型ということが言えそうである。

もう一つ驚くのは、AB型の夫の組が最下位にズラリと並ぶ（波線）ことだ。A

B型は、冷静堅実な結婚が多いが、ときには空想的で夢のような恋に酔う。しかし、それはやはり女性に多い傾向ということを示している。

（『ABO MATE』1980年9・10月号）

表を眺めてみると、なぜか**同じ血液型同士の恋愛が少ない**のも目につきます。

熱い恋のランキング
月刊『主婦と生活』1981年10月号
調査数2500組
“熱い恋愛”と“まあ恋愛”の合計値

順位	夫－妻	回答率（%）
1	**O** － AB	66.7
2	B － **O**	66.5
3	**O** － B	65.4
4	B － B	61.0
5	A － **O**	59.5
6	A － AB	59.4
7	**O** － **O**	59.2
8	**O** － A	58.5
9	A － B	57.6
10	A － A	55.3
11	B － AB	53.6
12	B － A	53.4
13	AB － A	53.3
14	AB － B	53.3
15	AB － **O**	50.6
16	AB － AB	44.4

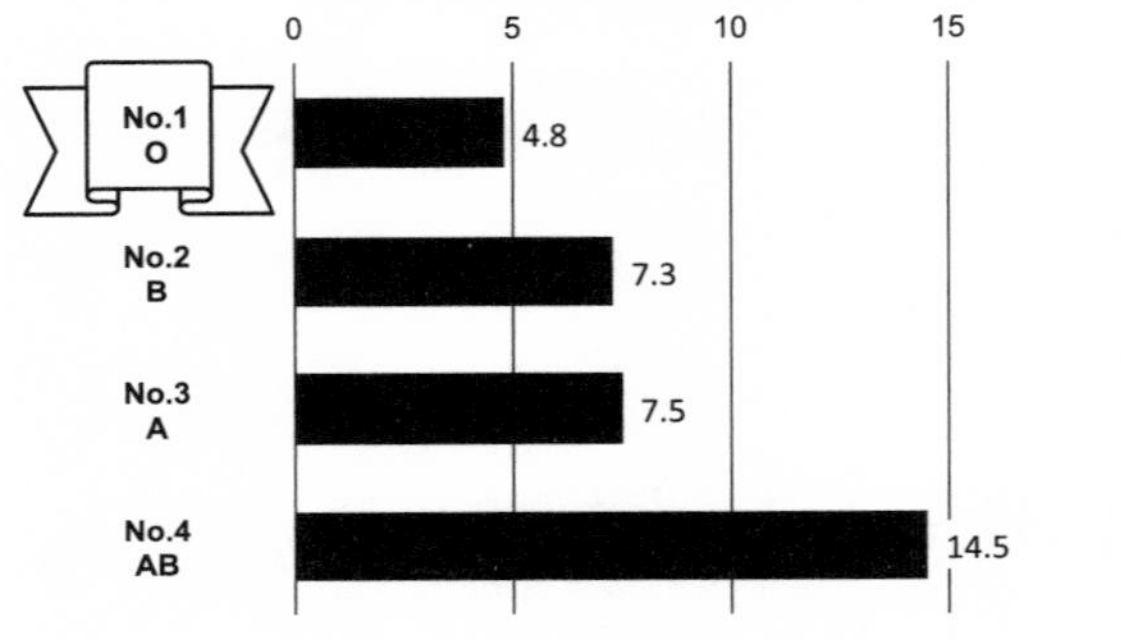

O型が1位でAB型が大差で最下位

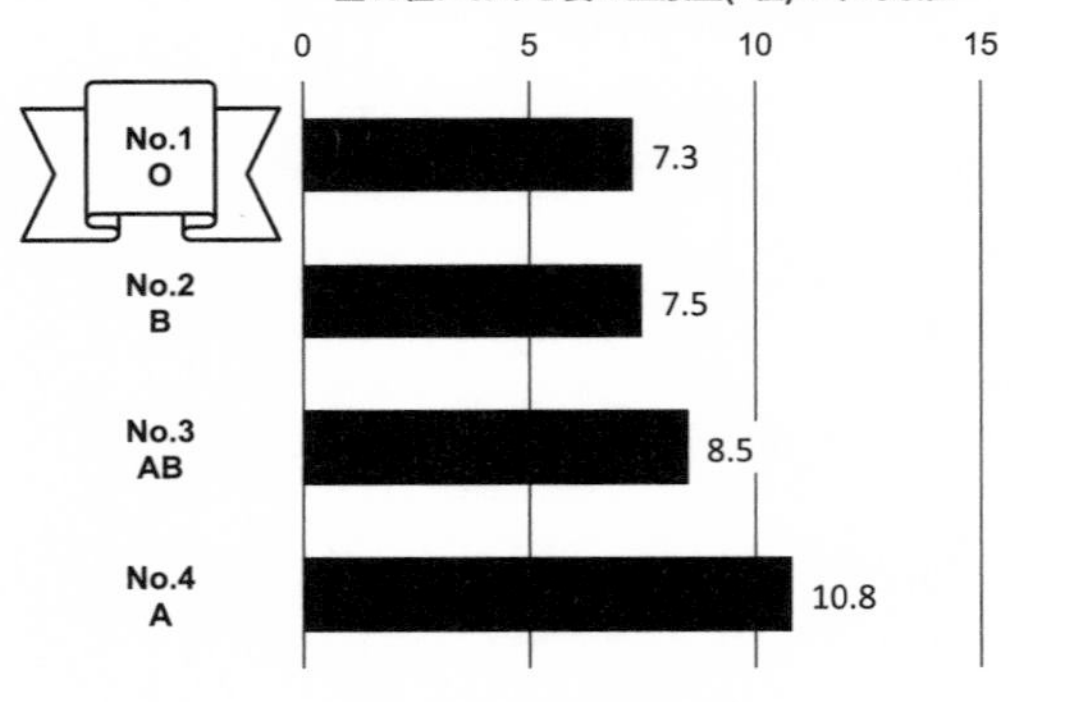

O型が1位でA型が最下位

さて、血液型ごとの特徴を調べるために、男女別異性獲得能力ランキングを計算してみました。次のグラフは、すべての組み合わせ16組から、各血液型４組の順位を算出したものです。

見たとおりで、これまた相当面白い結果が出ています。男性と女性のどちらも**O型が1位**なのは事前に予想したとおりです。ところが、**最下位の血液型は、男性はAB型な**のですが、女性はなぜかA型です。その理由として、男性のAB型は積極性に欠けることが挙げられるでしょう。女性でA型が最下位なのは、持ち前の慎重さから、男性に騙されることを極度に警戒しているためだと思います。

もう一つ面白い点は、男性は女性に比べて血液型同士の違いが目立つことです。昔の恋愛は、男性側が能動的に動き、女性は受動的な態度だったことを示していると言えそうです。現在はどうなのでしょうか？

同じ血液型はもたない

先ほど、**同じ血液型同士の恋愛が少なめ**なのも注目点ですと書きましたが、ほかにも

カップルにみる相性　単位:%

		恋人の血液型		
		O型	A型	B型
自分の血液型	O型	**-26.7**	32.6	-6.5
	A型	8.3	**-13.3**	-5.4
	B型	17.5	3.8	**-18.5**

※以下は、この報告書（★1）の該当部分

（4）まとめ

上記３つの血液型からみる血液型相性では、**自分とは違う血液型の人と恋人関係になるとその付き合いは比較的長く続き、逆に、同じ血液型の人と恋人関係になっても、その付き合いはあまり長く続かない**ことがわかる。また、相性の良い血液型はA型×O型とA型×B型であると考えられる。

表2-4-4は、それぞれの結果から、対応する全体の血液型の差を表したものである。よって、プラスの値であれば全体の血液型よりも割合が高く、マイナスの値であれば全体の血液型よりも割合が低いということになる。なお、色づけしてある箇所は、便宜上ではあるが絶対値で８％以上の値になっている欄である。

表2-4-4 カップルにみる血液型分布の差

		A型	O型	B型	AB型
A型	最短	3.5	−11.1	14.1	−6.5
	最長	−9.8	−2.8	8.7	3.8
O型	最短	−24.9	22.5	2.7	−0.2
	最長	7.7	−4.2	−3.8	−2.8
B型	最短	6.4	−27.5	15.2	6.0
	最長	10.2	−10.0	−3.3	3.0

［単位：%］

（サンプル 文教大学情報学部学生140人、2007年10月末現在）

同じ傾向が報告されています。ここでは、10年ほど前の２００７年に、文教大学の学生を対象にした調査結果を紹介しておきます。[★1]

この調査では、文教大学の情報学部学生からボランティアを募り、最終的に１４０人からアンケート調査票を回収しました。そして、カップルの血液型の組み合わせごとに、つき合った期間の長さを調べ、その結果を比較することにしました。

生の数字ではわかりにくいため、恋人の期間が「最長」と回答した割合から「最短」と回答した割合を引いた「最長―最短」を計算したものを前頁の上の表に示します。

この「最長―最短」という**数値が大きければ大きいほど関係が長く続き、逆に小さいほどその血液型のカップルは短命**なことになります。[★2] なお、ＡＢ型はサンプルが少ないため省略しました。

結果ですが、**太字**で示したとおり、同じ血液型のカップルの数値はすべて大幅なマイナスでした。しかも、すべてのケースでその血液型の中の最低値を示しています。

つまり、**自分とは違う血液型の人と恋人関係になると付き合いが長く続き、逆に、同じ血液型の人と恋人関係になると付き合いは長く続かない**のです。

もう少し細かく見ると、Ｏ型は最短と最長の差がはっきりしていて、決断力も早い様子も見て取れます。

★1　情報学部広報学科3年　松崎宏美「性格と恋愛にみる血液型効果」『文教大学情報学部　社会調査ゼミナール研究報告』２００８年2月［サンプル　文教大学情報学部学生１４０人　２００７年10月末現在］

★2　元の報告書にある表では、数値は、「最長」という回答が多いほど関係が長く、「最短」という回答が多いほど関係が短いことを表しています。このまま生の形ではわかりにくいので、結果を単純化して直感的に理解できるようにするために、新たに「最長」と答えた数値から「最短」と答えた数値をマイナスした「最長—最短」という数値を算出しました。この数値同士を比較すれば、関係が長いか短いかが一発でわかることになります。

まとめ

・同じ血液型は恋愛関係になりにくく、なっても短期間なことが多い。

・一般的には、違う血液型の異性に惹かれやすい。

・Ｏ型男性は最も異性獲得能力が高く、対してＡＢ型男性は最も能力が低い。

【コラム】血液型ジョーク

能見正比古

大学の寮にゴロゴロしていたころである。1室5人。そのうちのO型の男が結婚したが、ある朝、突然飛びこんできて、嵐のようにわたしたちをたたき起こして回った。

「さあ、新婚初夜のてんまつをつぶさに聞かせてやるぞ!」

こんな話、つまりエッチな話と自分の体験談になるとO型は目がランランとしてくる。一とおり話し終えると、彼はケロッとして、

「他にもあいさつしてくる。ちょっと、これあずかってくれ」

と、一升瓶を残して去った。怒り狂っていたわたしたちが素直にあずかるわけがない。たちまち車座になって一升の酒を飲み尽くし、からの瓶には、お茶を薄めて、酒の色に似せて、つめておいた。いや、わたし1人がそんな悪事をしたわけではない。B型らしくアイデアを提出しただけである。O型は戻ってきて、

「この酒は、女房の実家のみやげで、いまから、仲人の先生のところへ持って行くんだ」

と、問わず語りに言い残しお茶入り一升瓶をさげて出て行った。わたしたちは、顔を

見合わせた。以下は、後日聞いた話である。

「これは、女房の郷里の地酒です」

と瓶を出された先生は喜び、昼間から、おつまみなど、そろえて酒席を作った。先生はA型である。その酒の色をしたお茶を口に含んだときの先生のセリフが、A型サービス精神をあますところなく伝えて泣かせるのだ。

「うーん、さすが地酒はちがう、うまい！」

（1980年11月号）

第五章　ＡＩと血液型

ＡＩで血液型を当てる方法

世の中では、最新のＡＩ（人工知能）を使ったスピーカーが話題となっています。私も時流に乗り遅れてはいけないと、早速アマゾンエコーとグーグルホーム、そしてラインクローバを入手しました。コンピューターシステムに血液型があるはずがないのですが、実際に使ってみて、血液型を質問してみると、冷たく無視される機種もあれば、ユーモアにあふれる回答をしてくれる機種もあります。ＡＩでも血液型が違うせいでしょうか。気になるかたは、ぜひご自分で試してみてください。

＊　　＊

この章では、データによる検証のしめくくりとして、現在世の中でホットな話題になっているＡＩを、血液型に応用した結果を紹介します。ゲーム感覚の軽い気持ちで楽しんでいってください。

さて、これだけ血液型ごとに差が出ているなら、ＡＩなら相当の確率で人の血液型を当てられるはずです。夢があって楽しそうな話ですよね。絶対に誰かがやっているはずだと、あちこちを探してみたのですが、残念ながらどこにも見つかりません。[★1] しようがないので、自分でやってみることにしました。

もっとも、ＡＩとはいっても、そう難しく考えることはありません。いままで人間がやっていたことをコンピューターにやらせるだけです。基本的にはこんなことをすると思ってください。

① 血液型の特徴が出そうな質問でアンケートの調査票をつくる
② アンケート調査をして大量の回答データを集める
③ 集めた回答を分析する

一昔前までは、②の回答データを集めるのが一番大変でした。何千人ものアンケート調査をするためには、相当な時間とお金が必要なのです。しかし、現在ではインター

ネット調査が簡単にできるようになったので、費用が劇的に下がり、それほど無理をしなくとも個人で手が出せるようになりました。技術の進歩はものすごいですね。

ＡＩが出る前は③もネックでした。もちろん、単純な集計ならエクセルなどの表計算ソフトで十分可能です。ただ、血液型当てに使うような高度かつ複雑、そして厳密な計算をするためには、高価な専用ソフトが必要だったからです。

しかし、最近になってＡＩが個人でも簡単に使えるようになると、かなり事情が変わってきました。現在のＡＩでは、簡単な分析なら、手間がかかる専用プログラムの作成は一切不要です。それなりの量のデータをインターネット調査で集めさえすれば、あとは専用のコンピューターシステムに「おまかせ」で処理してもらえます。技術が進歩したおかげで、以前に比べると格段に敷居が下がったのです。

結果ですが、アマゾンのＡＩ（機械学習＝ＭＬ）を使ってやってみたところ、２種類のデータのどちらも正解率は45％ほどでした。血液型は４種類なので、偶然で当たるのは25％の確率です。それよりはずっと高くなりました。もっとも、すべてA型だと推測すれば、日本人なら38・１％は当たります。テスト段階の結果としてなら、そこそこといったところかと思います。

次からは、前著の倍以上となる6千人のデータに基づく予測結果と、実際の方法について簡単に紹介しましょう。

その1　2千人のアンケート

2年前の前著『「血液型と性格」の新事実』では、とりあえずダメ元でやってみようということで、テスト的に手持ちのデータを流用しました。これが意外とうまくいったので、少し腰を落ち着けて本格的に取り組むことにしました。まずは、インターネットのアンケート調査で独自データを集めなければなりません。少し奮発して、対象は前回の倍の2千人にしました。質問項目は、有名な特性を4つの血液型ごとに3つ考えました（いずれもスコア：1～5）。どこかで見たり聞いたりしたことのある質問ばかりです。できれば1万人程度のデータがほしいのですが、どう頑張ってもお金と時間がかかりすぎて無理です。そこで、普通は予測用データと学習用データは別なのですが、うまく工夫してリサイクルすることにしました。

具体的には、2千人のデータを400人ごとに5つのグループに分割し、うち一つの

グループを予測用データ、残りの４グループを学習用データとして使います。予測用データは5グループあるので、残りのグループを学習用データにして、それぞれ使い回して予測を行います。こうして予測した5回の平均を正解率とすることにしました。

残念なことに、２千人の中には血液型がわからない人が１４１人いたので、残りの１８５９人が正味のサンプルということになります。

気になる正解率は、血液型と性格の知識がある５４２人のグループでは45・０％でしたが、全体の１８５９人では40・１％に低下してしまいました。性別、年齢、婚姻状態の情報を除くと、それぞれ42・３％、39・６％です。

【血液型予測の結果と質問項目（その１）】

［使用データ］２千人のインターネット調査（２０１９年）20代から50代の男女

［学習データ］のべ８千人（１６００人×5回）

［予測対象］のべ２千人（４００人×5回）※同じ2千人を5分割

［正解率］

平均45・０％（正しい知識を持つ５４２人）

平均40・１％（合計１８５９人……血液型不明１４１人除く）

［質問項目］

1　几帳面（A型）

2　性格が理解されにくい（AB型）

3　マイペース（B型）

4　楽天的（O型）

5　二重人格（AB型）

6　おおらか（O型）

7　自己中心的（B型）

8　真面目（A型）

9　明るい（B型）

10　おおざっぱ（O型）

11　天才肌（AB型）

12　神経質（A型）

その他の質問

a　血液型と性格は関係していますか？（スコア：1～4、わからない）

b　あなたは血液の種類と性格に関する知識を持っていますか（スコア：1～4）

c　血液型（不明は除いた）

d　性別

e　年齢（20代から50代）※データが少ないため、10歳刻みの数値を使用

f　婚姻状態（未婚、既婚）

その2　４千人のアンケート

対象は、頑張ってその1の倍の４千人にしました。質問項目は、有名な特性を４つの血液型ごとに2つです（いずれもスコア：1～7）。今回も、予測用データと学習用データをリサイクルすることにしました。

その1と同じやり方で、４千人のデータを８００人ごとの5つのグループに分割し、うち一つのグループを予測用データ、残りの４グループを学習用データとして使います。予測用データは5グループあるので、残りのグループを学習用データにして、それぞれ使い回して予測を行います。こうして予測した5回の平均を計算して、これを正解率としました。

残念なことに、4千人の中には血液型がわからない人が250人いたので、残りの3750人が正味のサンプルということになります。

気になる正解率は43・6%となりました。頑張ってデータを倍増させても、さっぱり正解率が上がらなかったので、正直がっかりです。

【血液型予測の結果と質問項目（その2）】
［使用データ］4千人のインターネット調査（2020年）20代から50代の男女
［学習データ］のべ1万6千人（3200人×5回）
［予測対象］のべ4千人（800人×5回）※同じ4千人を5分割
［正解率］平均43・6%（正しい知識を持つ1067人）
平均40・1%（合計3750人……血液型不明250人除く）
［質問項目］
1　几帳面（A型）
2　性格が理解されにくい（AB型）

3　マイペース（Ｂ型）
4　二重人格（ＡＢ型）
5　おおらか（Ｏ型）
6　自己中心的（Ｂ型）
7　おおざっぱ（Ｏ型）
8　神経質（Ａ型）

その他の質問

a　血液型と性格は関係していますか？（スコア：1〜3、わからない）
b　あなたは血液の種類と性格に関する知識を持っていますか（スコア：1〜4）
c　血液型（不明は除いた）
d　性別
e　年齢（20代から50代）
※10歳刻みの数値を使用
f　婚姻状態（未婚、既婚）

ここで注目すべきは、血液型と性格の関係をよく知っている１０６７人の「知識あり」グループの正解率は43・６％ですが、全体の３７５０人の場合では40・４％とかなり下がることです。性別、年齢、婚姻状態の情報を除くと、それぞれ42・３％、39・３％となりました（その1でも同じ傾向です）。これは、血液型の知識、性別、年齢、婚姻状態の情報が正解率に大きく影響することを示しています。前述したように、日本人に最も多い血液型はA型であり、今回の調査では全体の36・９％（１３８３人）なので、いずれの正解率も偶然よりは高いのですが……。

これがどういうことを意味するのかは、第二部で詳しく論証します。

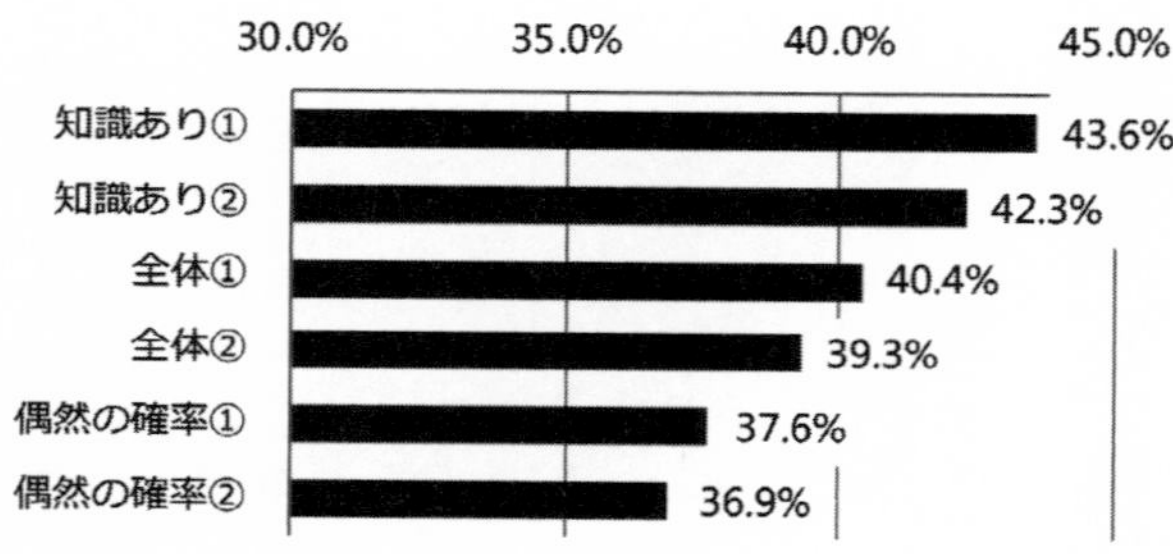

ＡＩ予測で起きた奇妙な出来事

ところで、これらの実験の準備段階で、奇妙で示唆に富む現象に遭遇しました。最初にうっかりＡＩの設定を間違えて、30代女性の学習用データを使わないでしまったのです。なぜこんなに正解率が低いのかと疑問に思って調べてみたら、馬鹿馬鹿しいほど初歩的な設定ミスでした。そこで、間違った設定を修正してやり直してみたところ、てきめんに正解率が５から10％ほど上がったのです。また、学習用データから年齢や性別を削除すると、予測そのものが不可能になるケースにも遭遇しました。しようがないので、もう一度データを組み替えてやり直しました。ということで、繰り返しになりますが、年齢や性別が性格に大きく影響していることは明白です。まさに怪我の功名ですね。

より詳しい説明や予測に使用したデータは、次の私の英語論文に掲載されています。

タイトル　A Pilot Study Using AI for Psychology: ABO Blood Type and Personality Traits

掲載誌　American Journal of Intelligent Systems

日本時間２０２１年４月２日オンライン公開

URL: http://article.sapub.org/10.5923.j.ajis.20211101.01.html（本文）

URL: https://www.researchgate.net/publication/350588165（データ）

（☞概要は３４４頁）

★１　その後、２０２０年にインドネシア・ディポネゴロ大学から論文が発表されました。

A proposed method for handling an imbalance data in classification of blood type based on Myers-Briggs type indicator <https://doi.org/10.14710/jtsiskom.2020.13625>

まとめ

・ＡＩによる血液型予測の正解率は45％程度で、テストとしては満足すべき結果だが、実用化するには改善が必要。

・年齢や性別を考慮しないと、さらに正解率は下がる。

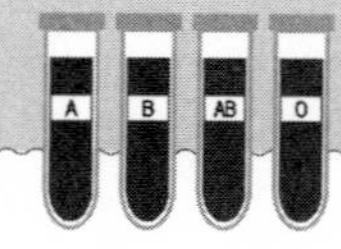

【コラム】ＡＩは顔写真から血液型を当てられるか？

２年ほど前に、顔写真から血液型を当てるという興味深い記事[★1]を専門誌で見つけました。しかし、結果は実に残念なものでした。正解率は27・８％とかなり低く（血液型は４種類なので、全くランダムでも４分の１の25％は当たる）、ほとんど血液型を正しく予測できなかったのです。しかし、それでもこの実験は、先駆的な取り組みとして高く評価されるべきものでしょう。

血液型による顔の違いですが、能見正比古氏によると、Ｏ型は丸い額（ひたい）、Ａ型は富士額、Ｂ型は三角眉、ＡＢ型は黒眼がちな人が多いとかあるようです。どうやら血液型で骨格も違うらしく、Ｂ型はなで肩で頸骨が低く位置していて、骨が細い人が多いらしいですが、私にはさっぱりわかりません。

さて、この記事によると、６千枚の顔写真を１２８×１２８のエリアに分割してＡＩ専用のコンピューターに学習させたそうなのですが、はっきりいって解像度はかなり低いです（ちなみにフルハイビジョンは１９２０×１０８０画素）。

残念な結果に失望した研究者たちは、様々な顔のパーツ（たとえば鼻）の特徴に焦点を当てたり、あるいは顔の画像を正面向きに修正したりしましたが、結果は改善されなかったとのこと。もっとも、この実験だけで、「顔写真と血液型の間に関係はありません」と結論づけるのは早すぎると思うのですが……。

★１　中村 仁昭、岩貞 智　画像ディープ・ラーニングの学習はクラウドが良し！　顔写真から血液型を当てるラズパイ人工知能に挑戦してみた（注目特集 ビギナ向け！ラズパイ×クラウド人工知能：ＧＰＵも１００円から！）「インターフェース」２０１７年４月号　ＣＱ出版社

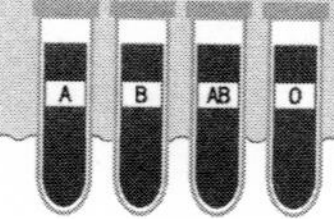

【コラム】外国人の血液型

政治家
中国・台湾
■O型
毛　沢東
鄧　小平
陳　水扁
馬　英九※
蔡　英文
■B型
習　近平
温　家宝
韓国
■O型
李　承晩
尹　普善
盧　武鉉
■A型
朴　正煕
金　大中
■B型
全　斗煥
李　明博※
朴　槿恵
文　在寅
■AB型
盧　大愚
金　泳三
北朝鮮
■A型
金　正日
金　正恩
ロシア
■O型
ゴルバチョフ
■AB型
プーチン
※公式サイトによる

有名人
■O型
エリザベス女王
チャールズ皇太子
アインシュタイン
ジャクリーン・ケネディ
テイラー・スウィフト
チャップリン
ピカソ
ムッソリーニ
ラントシュタイナー
(ABO 血液型の発見者)
ジョン・レノン
ダニエル・カーネマン
(ノーベル経済学賞受賞者)
■A型
レディ・ガガ
ロバート・ケネディ
ジョゼフ・ケネディ
リンゴ・スター
ブリトニー・スピアーズ
スティーブン・スピルバーグ
ヒトラー
サダム・フセイン
■B型
ポール・マッカートニー
ローズ・ケネディ
アイザック・アジモフ
■AB型
イエス・キリスト
(聖布を鑑定)
ジャッキー・チェン
マリリン・モンロー
■未確認
O型？　毛沢東、鄧小平

第二部　心理学で見る血液型と性格

第二部のはじめに

かなり前のことですが、血液型の否定論の急先鋒で、大御所の心理学者とやりとりをした人から面白い話を聞いたことがあります。意外なことに、専門家は血液型と性格の関連性を認めないという〝公式発言〟とはまったく逆で、予想以上に肯定的だったそうです。

そもそも、わざわざ「関係ない」という論文を出しても、研究者としての業績にはプラスにはなりません。関係がある可能性を信じているからこそ、血液型にこだわっているわけです。もし関係がないと思うなら、のっけから無視しているはずですしね。心理学にとって重要な問題は、現実のデータが、既存の心理学ではうまく説明できないとのこと。だから「関係ない」と強硬に主張しているそうです。特に性格の部分で……。

しかし、この問題はもはや解決済みと言ってもいいでしょう。これからその内容を説明します。なお、もう少し詳しく知りたい方のために、巻末の「補足説明」にやや専門的な解説を載せてあります。

第六章　否定論は全部ウソだった！

否定論は全部ウソだった！

日本では、血液型といえば性格の話題で大いに盛り上がります。

しかし、アカデミックな世界では、現在でも否定的な見解が主流を占めています。心理学者などの心の専門家が、繰り返し「血液型と性格の関連性」を否定してきたことも大きな理由の一つでしょう。心理学の一部門として「性格心理学[★1]」があり、ほとんどの専門家が血液型との関連性を否定してきたことはまぎれもない事実です。

ただ、武田知弘氏の『本当はスゴイ！ 血液型』を読んだ人や、かつて能見正比古氏の著書を読んだことがある人なら、どう考えても偶然とは思えない、まさに「奇跡的」といえる数字がずらりと並んでいるのを目にしているはずです。そのせいか、最近になって少し空気が変わってきたようにも感じられます。既に気がついている人もいるかもしれませんが、最近の専門家のほとんどは、統計調査の結果に何もコメントしていません（☞２９９頁を参照）。それは、まえがきにも書いたように、**何十万人もの大規模調査の結果が、いままでの彼らの説明に合わない**ことが一般に知られるようになってきたからだと思います。つまり、端的に言うと、否定論は全部ウソだったのです！

　なぜなら、**自分の性格についてのアンケート調査なら、必ず血液型によって差が出る**からです。え？　そんなバカな！なんて思わないでください。序章の内容について、この章と次の章でより詳しく説明しますが、内容は中学生でもわかるような、本当に単純なことなのです。

　手はじめに、私が4千人のアンケート調査を行った結果を説明しましょう。内容は序章に書いたことと同じですので、覚えている方は読み飛ばして構いません。これも書きましたが、生データは、私の論文が登録されているサイトから無料で入手できます[★2]。パソコンの性能が上がったので、私が使っているような無料ソフト（ｊａｍｏｖｉ）でさえ、正味1分もかからずに計算が終了します。ぜひ試してみてくださいね。

　この調査で対象となったのは、20代から50代までの日本全国の男女で、データは第五章の血液型予測（その2）と同じものです。4種類の血液型のそれぞれ2項目、合計8

項目のデータの分析を行いました。質問したのは、典型的なA型の特徴とされる「几帳面」「神経質」、B型の「マイペース」「自己中心的」、O型の「おおらか」「おおざっぱ」、そしてAB型の「二重人格」「性格が理解されにくい」です。

調査したのは4千人ですが、自分の血液型を知らなかった250人は除いたので、最終的に分析の対象となった人数は3750人に減りました。どの質問も、自分の性格にとてもよく当てはまる場合は7、まったく当てはまらない場合は1の7段階での評価を行い点数化したものです。質問は血液型ごとに2問あるので、それぞれの点数の範囲は、最低2点から最高14点となります。上の表のとおり、どの血液型も自分の血液型の特性の点数が一番高くなっています。

念のため、血液型の「特性をまったく知らない」という676人（無知識グループ）と、血液型と性格なんか「まったく関係ない」という1276人（無関係グループ）だけの集計もしてみました。

特徴	全体 (3,750 人)			
	A	B	O	AB
A	**9.056**	8.066	8.068	8.428
B	8.434	**9.137**	8.502	8.599
O	8.051	8.273	**8.940**	8.102
AB	7.513	7.729	7.397	**8.670**

特徴	無知識グループ (676 人)				無関係グループ (1,276 人)			
	A	B	O	AB	A	B	O	AB
A	**8.333**	8.236	8.112	7.597	**8.589**	8.356	8.248	8.177
B	8.491	**9.063**	8.689	8.236	8.618	**9.270**	8.796	8.323
O	7.863	7.741	**8.556**	7.889	8.156	8.076	**8.835**	8.038
AB	7.389	7.437	7.454	**8.194**	7.489	7.599	7.649	**8.123**

結果は上の表に示したとおりで、**関係があると思っていようがいまいが、血液型の知識があろうがなかろうが、どの血液型も自分の血液型の質問の点数が一番高くなっています。これは、血液型と性格は関係しているという明白な証拠になります。**

注：血液型の特徴に一致する最高得点を太字で示しています。

ではなぜ、心理学者はこんな初歩的で、誰が考えてもおかしいと思うような単純ミスを犯してしまったのでしょうか。一言で言うなら、血液型と性格の関連性をきちんと理解し、正しく分析するためには、心理学、統計学、生理学などの学際的な知識が必要になるからです。一つの分野だけに詳しい専門家では、残念なことにあまり役に立たないのです。

血液型の影響は年齢や性別で変わる

では、具体的に何がどうおかしいのでしょう？　これから順番に説明することにします。

最大の問題は、繰り返しになりますが、多くの否定側の論者が、血液型の影響は年齢、性別、時代背景などに一切関係なく「全く同じ」としていることです。しかし、第一部で見たように、実際のデータを注意深く観察してみると、**血液型より年齢や性別の影響の方が大きいし、血液型の影響はその他にも様々な条件によって違ってくる**ことも少なくないのです。これは、普通の人なら直感的に理解できるはずです。

いきなり血液型の話から入るより、たとえ話のほうがわかりやすいかもしれませんね。そこで、身近な例として、男女の身長差を比較することを考えてみましょう。いうまでもなく、平均的な大人の男性は、平均的な大人の女性より背が高いわけです。論より証拠で、実際の数字を見てみることにします。

文部科学省の統計（学校保健統計調査）によると、２０２０年度における高校３年生の男子生徒の平均身長は１７０・７センチメートル、対する女子生徒は１５７・９センチメートルです。男女の差は１２・８センチメートルとなり、その違いは８％にも達しています。ただし、これはあくまでも平均に限った話ですから、一人ひとりを比べると、男性より背が高い女性はいくらでもいます。しかし、例外だけを強調してもしようがありませんよね。**比較するのは、あくまで平均なのです**から。否定派心理学者の菊池聡氏も、こういっているぐらいです。

血液型学に限らず、おおよそすべての性格理論は統計的なものであって、集団全体の傾向としてしかとらえられない。たとえば筋肉を使った運動能力は女性よりも男性の方が優れていることに誰も異論はないと思うが、それでも特定の男性を取り上げれば、平均的な女性より力が弱い人はざらにいるだろう。**必要なのは個々の事例ではなく、統計的な事実なのである。**

（菊池聡「不可思議現象心理学９　血液型信仰のナゾ―後編」
月刊『百科』１９９８年３月号）

年齢を無視すると正しく比較できない！

大人の男性は女の子より身長が高い

大人の女性は男の子より身長が高い

だから、女性は男性より身長が高い？

イラスト：モノポット（著作権フリー）

文部科学省 2020 年度学校保健統計調査より

○身長の推移

男子

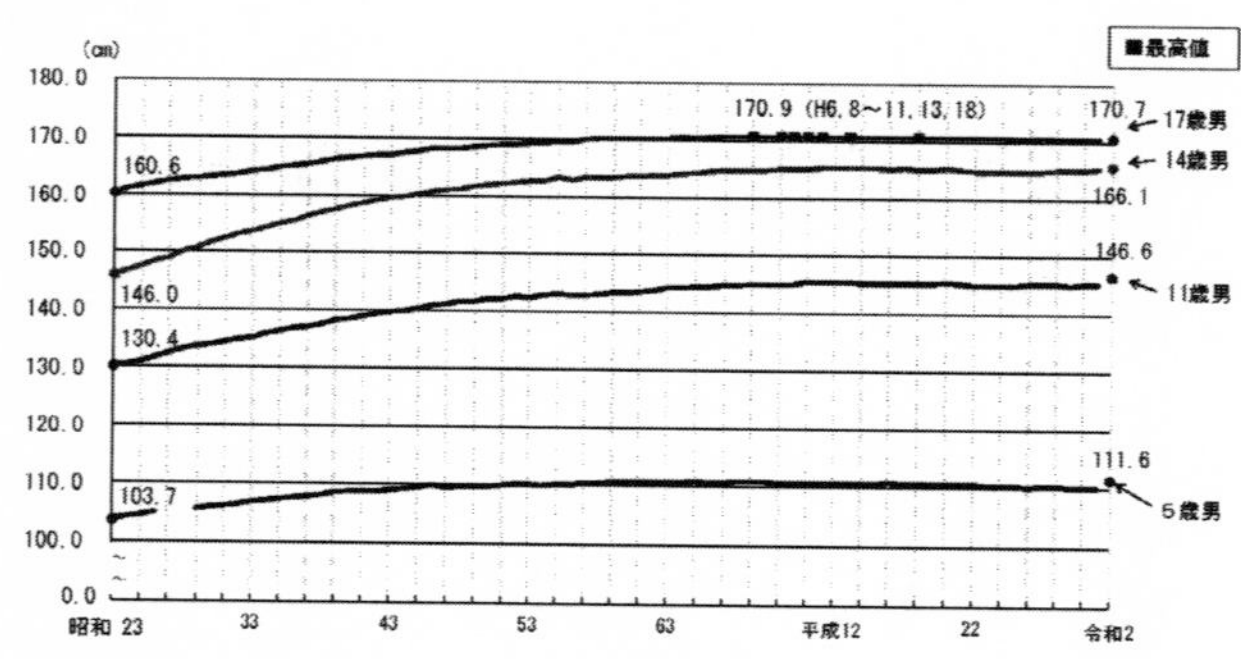

(注) 幼稚園については，昭和 27 年度及び昭和 28 年度は調査していない。5 ページ，6 ページの各図においても同じ。

女子

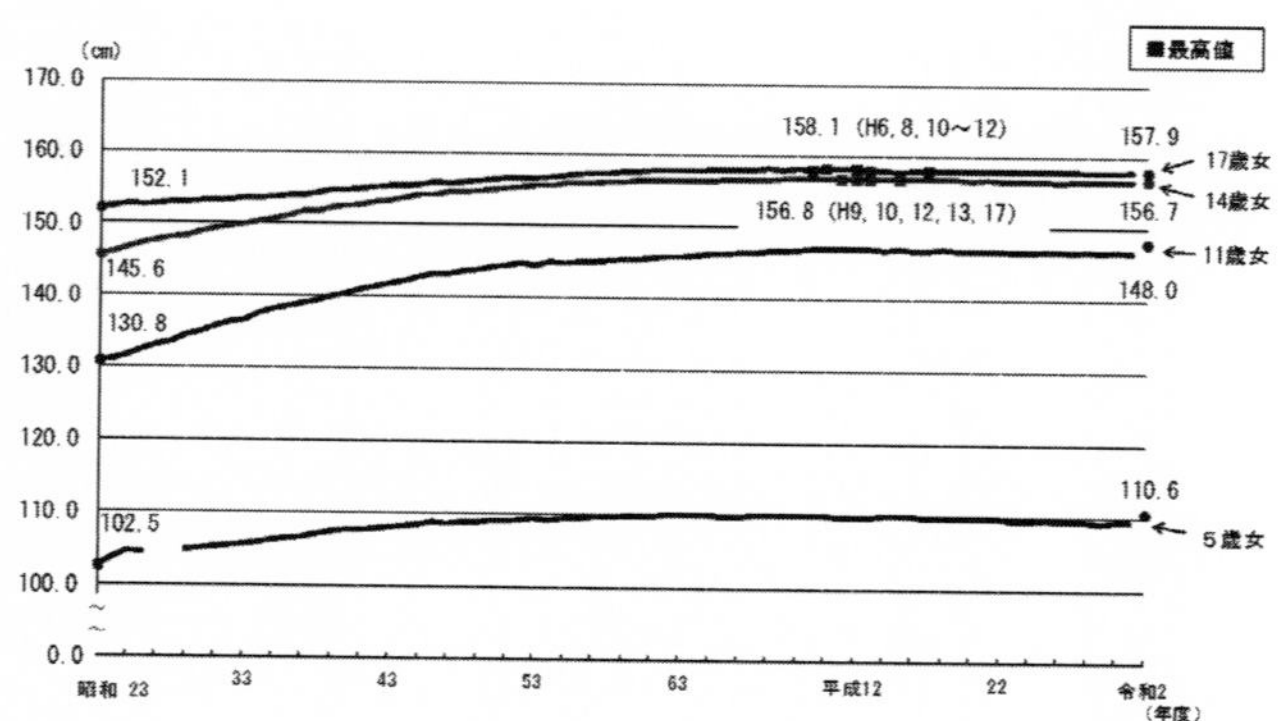

これも言うまでもないことですが、男女の差を比較するには、その他の条件も同じでないといけません。文部科学省の同じ調査では、5歳の男児の身長は、110・6センチメートルです。だからといって、この数字を17歳の女子生徒の157・9センチメートルと比較して、女性は男性より背が高いと結論を出したら、間違いなく笑われることでしょう。

もちろん、時代背景も同じでないといけません。現代よりはるかに栄養事情の悪かった江戸時代には、大人の男性の身長は155センチメートル程度とされています。155センチメートルは、現代の高校3年生の女子生徒の157・9センチメートルと比べてみると、やや低いわけです。まあ、それはそうでしょうね。当時と現在の食事の内容を比べるのはナンセンスです。だからといって、平均的な男性は女性より身長が低いとは言えないのは、これまた当たり前のことです。

このように、複数の結果を比較する場合には、年齢、性別、時代背景など、血液型以外の条件はなるべく揃えないといけないのです。まったく違う条件のものを、そのまま単純に比較してしまうと、「女性は男性より背が高い」といったおかしな結論になったりして、全然意味がなくなってしまいます。

ところが、現実には、血液型の違いを研究するのに、年齢、性別、時代に無頓着なケースはかなりあります。いや、大部分がそうだと言ってもいいかもしれません。

質問の選び方にも問題が

質問の選び方にも大きな問題があります。血液型と性格の関連性をきちんと調べるためには、質問項目の文章は慎重に考え抜く必要があります。常識的にも、よく言われる「几帳面（A型）」「マイペース（B型）」「おおらか（O型）」「二重人格（AB型）」なら差が出るでしょうが、あまり聞いたこともないような特徴なら、差は出ないか、かなり小さいものとなるでしょう。運悪く？たまたま差が小さい質問を選んでしまったなら、差がないように見えるのも当然のことなのです。

そもそも、現在の血液型と性格の枠組みは、「血液型人間学」の提唱者である能見正比古氏が、ほとんど独力で作り上げたものです。昔ならともかく、最近の「専門家」が彼の著作を読んでいる形跡はありません。それでも質問を作ってしまうことはかなり無謀な話です。そんな調査で、きちんとした結果が得られる保証は何もありません。

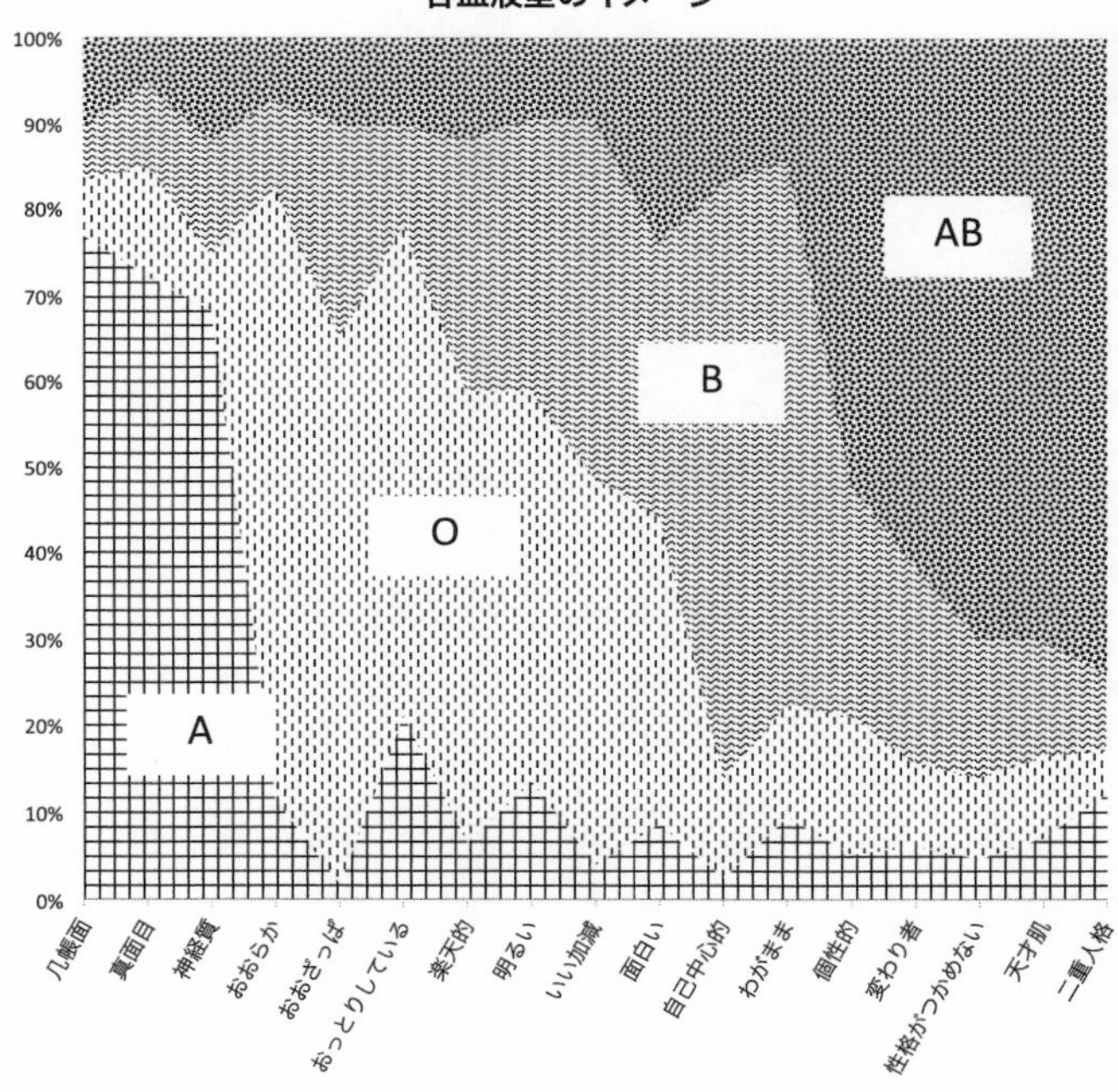

また、前述したように、年齢、性別、時代背景などに無頓着なケースも少なくないです。調査したデータを、何の疑いもなくそのまま単純に比較してしまっているケースも数多く見られます。

参考までに、文教大学情報学部が２００７年に調べた血液型のイメージ[★3]がどうだったかを紹介しておきます（前頁の図、数値の合計は１００％に調整した）。あまりにもイメージが薄い質問では、回答にほとんど差がなくなってしまうことは、考えるまでもないでしょう。

次頁には、差が出なかった質問の例と、差が出ている質問の例を示しておきます。ぜひ読み比べてみてください。どうやら、抽象的な質問よりは、日常的にどうなのか例をあげて質問すると差が出やすいようですね（☞補足説明の２７８頁「ハロー効果は影響するのか」も参照）。

このように、「不適切」な質問を使ったりすると、血液型の特徴をまともに解析できるはずはありません。どんなおかしな結論になっても不思議ではないのです。

【差がほとんど出なかった縄田氏の質問】★4

日頃の生活の中で充実感を感じている
ほかの人の生活水準を意識している
一旦、高い生活水準を味わうと、それを下げるのは苦痛だ
楽しみは後にとっておきたい
自分は盗難にあうことはない
できるだけ質素な生活をしたい
お金を貯めることが人生の目的だ
将来、大きな出費や高額の買い物の予定がある
子供や家族、親族にできるだけ多くの遺産を残したい
ギャンブルはすべきでない
健康上の不安を感じている
宗教を熱心に信仰している
忙しくて先のことを考える時間がない
お金のことを考えるのははしたない
現在の生活に精一杯でほとんど貯蓄ができない
先のことは不確実だから考えても無駄だ
老後が気にかかる
子供の将来が気にかかる
将来のことは家族や親族が考えてくれている
周りの人と同じような行動をとっている
仕事の場においてはグループの意見に従うべきだ
家庭の場においては家族の意見に従うべきだ
一人よりグループで協力して仕事する方が高い成果が得られる
“みんなで協力して目標を達成した”満足度は“自分ひとりの力で達成”より大きい
仕事は生きがいにつながる
仕事はお金を得るためのものだ

【差が出た山岡氏の質問の例】★[5]　差…大（10% 超）

思慮深く、物事に対して慎重な態度をとる (A)

マイペース型で、周囲の影響は受けにくい (B)

気分にムラがあって、ともすると二重人格のように見えることがある (AB)

目的のためとあらば、最大限の勇気と根性を発揮する (O)

【差が出た山崎、坂元氏の質問の例】★[6]　差…小～中（5% 程度）

目標を決めて努力する (A)

物事にけじめをつける (A)

何かをする時には準備をして慎重にやる (A)

あまり物事にこだわらない (B)

人に言われたことをあまり気にかけない (B)

どちらかといえば気がかわりやすい (B)

【差が出たネットの質問の例】★[7]　差…大（10% 程度）

あなたは、どのような友人を求めますか

自分と最も気が合わない、あるいは苦手と思うのは次のうちどのようなタイプの人ですか

【差が出た私の質問の例】差…大（10% 超）

協調性がある (A)

楽観的である (B)

おおらかな性格である (O)

他人から性格を理解されにくい (AB)

事前の予想と現実との違い

現実のデータをつぶさに見てみると、これらが単なる私の推測でないことがはっきりします。

手はじめに、前述の20代から50代の男女の合計４千人にインターネットでアンケートをした結果を紹介します。血液型に関しては、これだけ詳しく大規模な分析は初めてだろうと思います。調査は、どの質問も、自分の性格にとてもよく当てはまる場合は７、まったく当てはまらない場合は１の７段階での評価を行い点数化したものです。

たとえば、「おおざっぱ」はＯ型の特徴とされています。事前の予想としては、Ｏ型の点数が最も高く、Ａ型は一番点数が低いということになります。では、現実の男女別と年齢別のデータを見てみましょう（次頁）。■と●の点が実際のデータ、太い線が傾向です。なお、「多項式」とあるのは、それぞれのグループの傾向を示しています。

血液型の傾向を見ると、20代中盤のＯ型とＡ型の数値はほぼ同じです。しかし、そこから離れるにつれて差が拡大する傾向が見て取れます。また、性別に関係なく、50代後半からは数値が急激に減少します。男女差はもっと不思議で、女性は20代からゆるやか

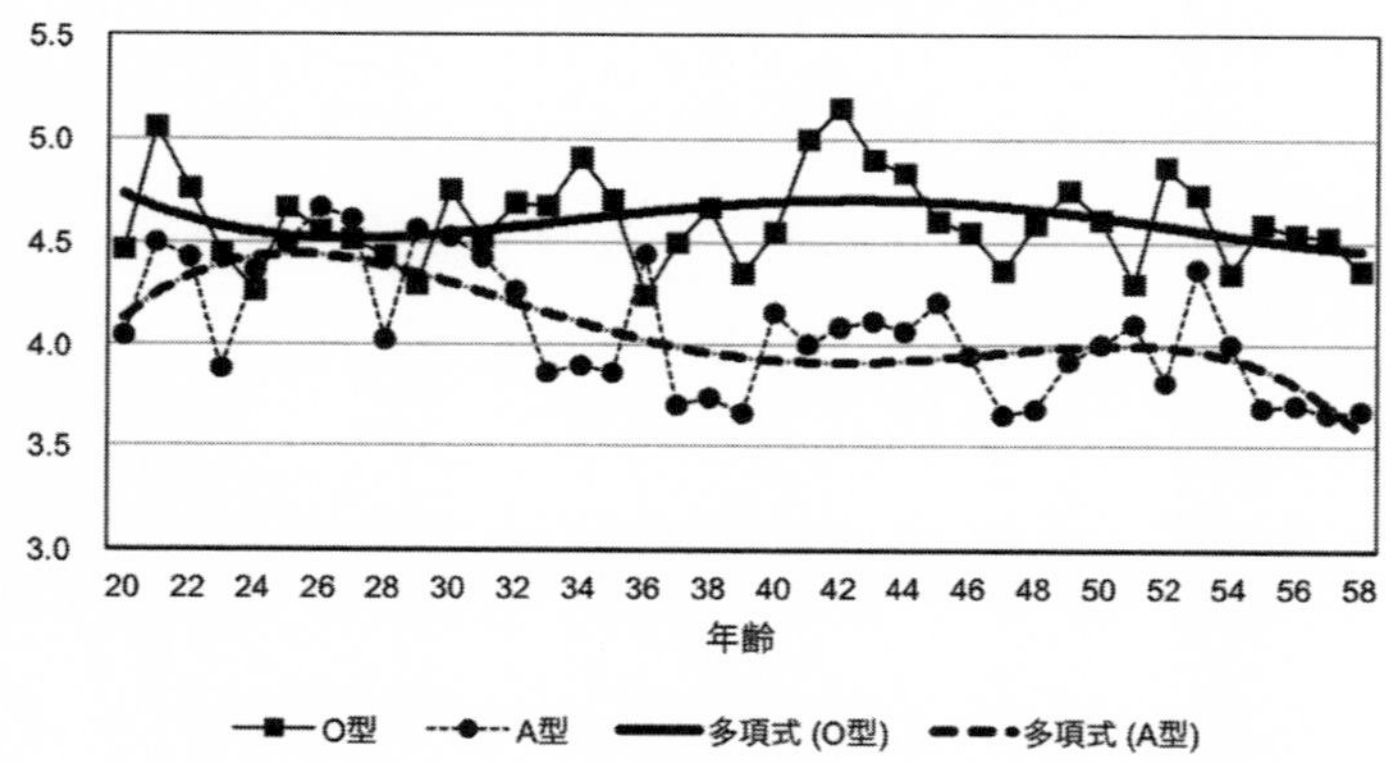
おおざっぱ O型 vs A型
5.5
5.0
4.5
4.0
3.5
3.0
20 22 24 26 28 30 32 34 36 38 40 42 44 46 48 50 52 54 56 58
年齢
O型
A型
多項式 (O型)
多項式 (A型)

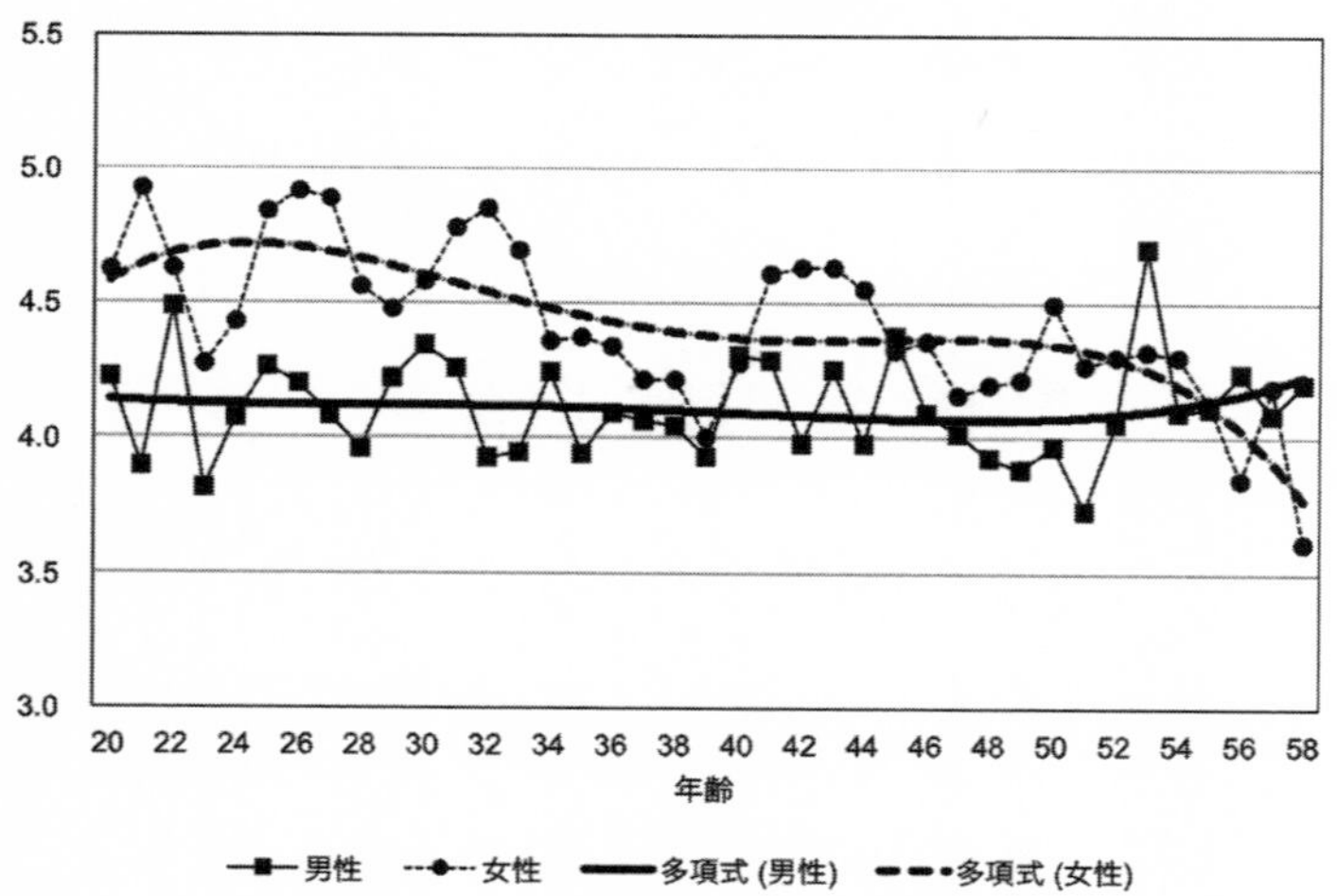
おおざっぱ 年齢別
5.5
5.0
4.5
4.0
3.5
3.0
20 22 24 26 28 30 32 34 36 38 40 42 44 46 48 50 52 54 56 58
年齢
男性
女性
多項式 (男性)
多項式 (女性)

に減少しますが、50代になると減少傾向が加速し、ついには男性を逆転します。これに対して、男性では年齢にかかわらずほぼ数値は一定です。

やはり、年代と性別の影響は、思っているよりずっと大きいということになります。現実は血液型で何でも割り切れるほど甘くはありません。血液型別の性格を比較する場合は、「有名」な特性を質問したとしても、年齢と性別をかなり慎重に考慮しないと、正確な結果が出ないことを理解していただけたかと思います。

面白いことに、このような不思議な傾向は、心理学の性格検査でも同じことです。一例を示しておくと、簡易型ビッグ

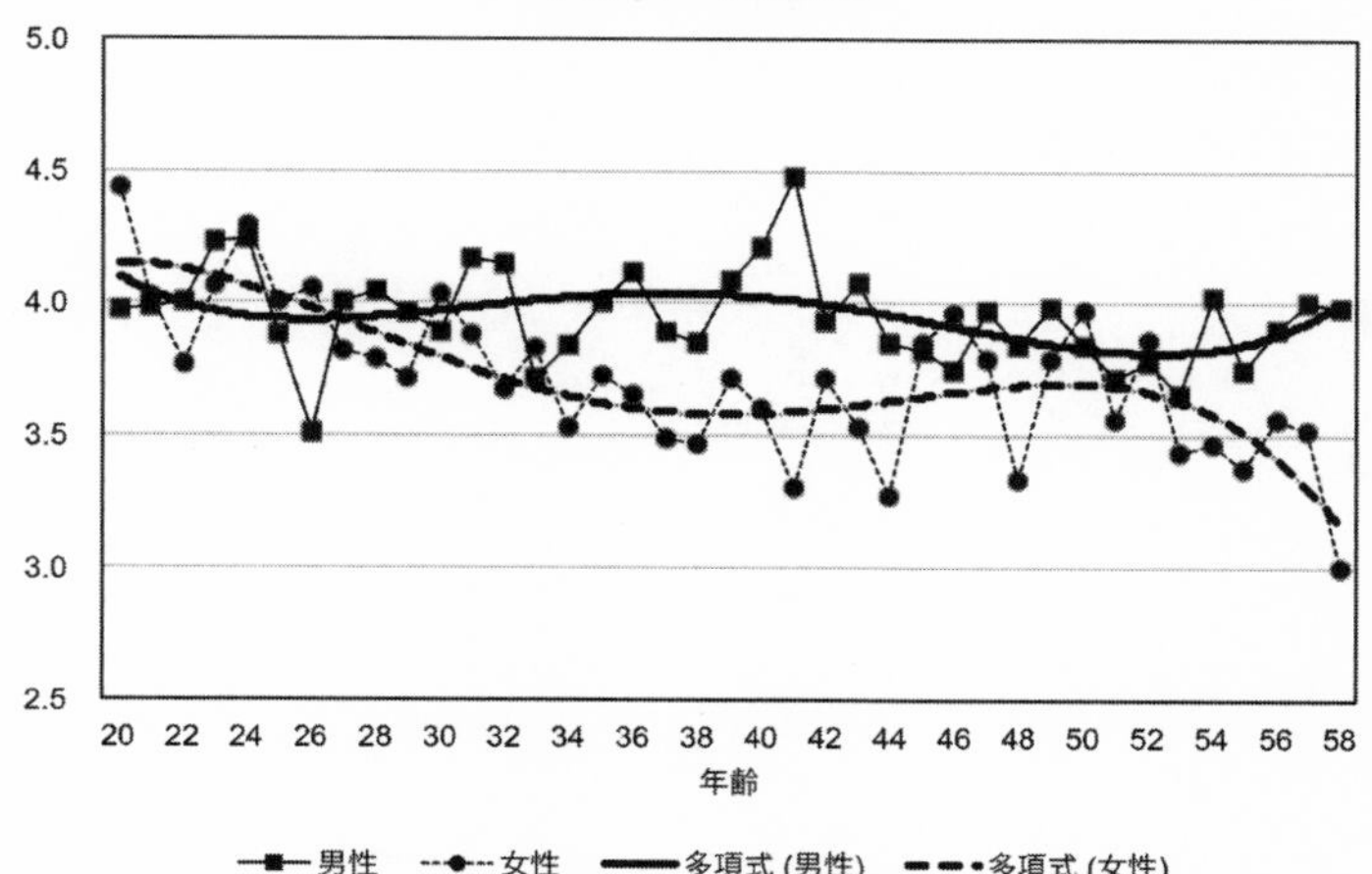

ファイブ性格検査（TIPI-J）[8]の「新しいことが好きで、変わった考えをもつと思う」（項目5）では、男性は年齢にあまり影響されませんが、女性は年齢が上がるにつれて徐々に減少し、50代になるとその傾向が加速しています。私の追試は前頁のグラフのとおりで、この論文とほぼ同じ結果が得られました。

心理学の研究と比べると

それでも納得しない人もいるかもしれないので、別の例も紹介しておきます。

今度は、1978年から1988年にかけて、テレビ局の世論調査のデータを使って、毎年約3千人の男女を調査した結果（総調査人数3万2347人）の報告です。[6] 研究を行った山崎、坂元の両氏は、実際に使われた24の質問項目から、事前調査で「A型的特徴」と「B型的特徴」を3項目ずつピックアップしていました。

【A型的特徴】

・目標を決めて努力する
・物事にけじめをつける

・何かをする時には準備をして慎重にやる

【B型的特徴】

・あまり物事にこだわらない
・人に言われたことをあまりよく気にかけない
・どちらかといえば気が変わりやすい

回答者がA型的かB型的か判断するために、自分にあてはまる場合は得点を1、あてはまらない場合は得点をゼロとして、A型とB型の得点の平均をそれぞれ計算しました。A型得点の平均からB型得点の平均を引いて**「A―B」得点を計算すると、A型的な性格な人ほど数値が大きくなり、逆にB型的な性格な人ほど小さくなります。**（数値はプラス1〜マイナス1の間をとります）

そして、ここでも、**年齢の差は血液型の差の4倍も大きい**のです。20代と50代の得点差は0・259で、対する血液型の差は0・0544に過ぎません。

なお、このケースでは、男女の差の説明はありませんでした。差が大きくなかったのか、もともと男女別に調査しなかったのかまではわかりません。

繰り返しになりますが、血液型による性格の違いは絶対的なものではなく、年齢や男

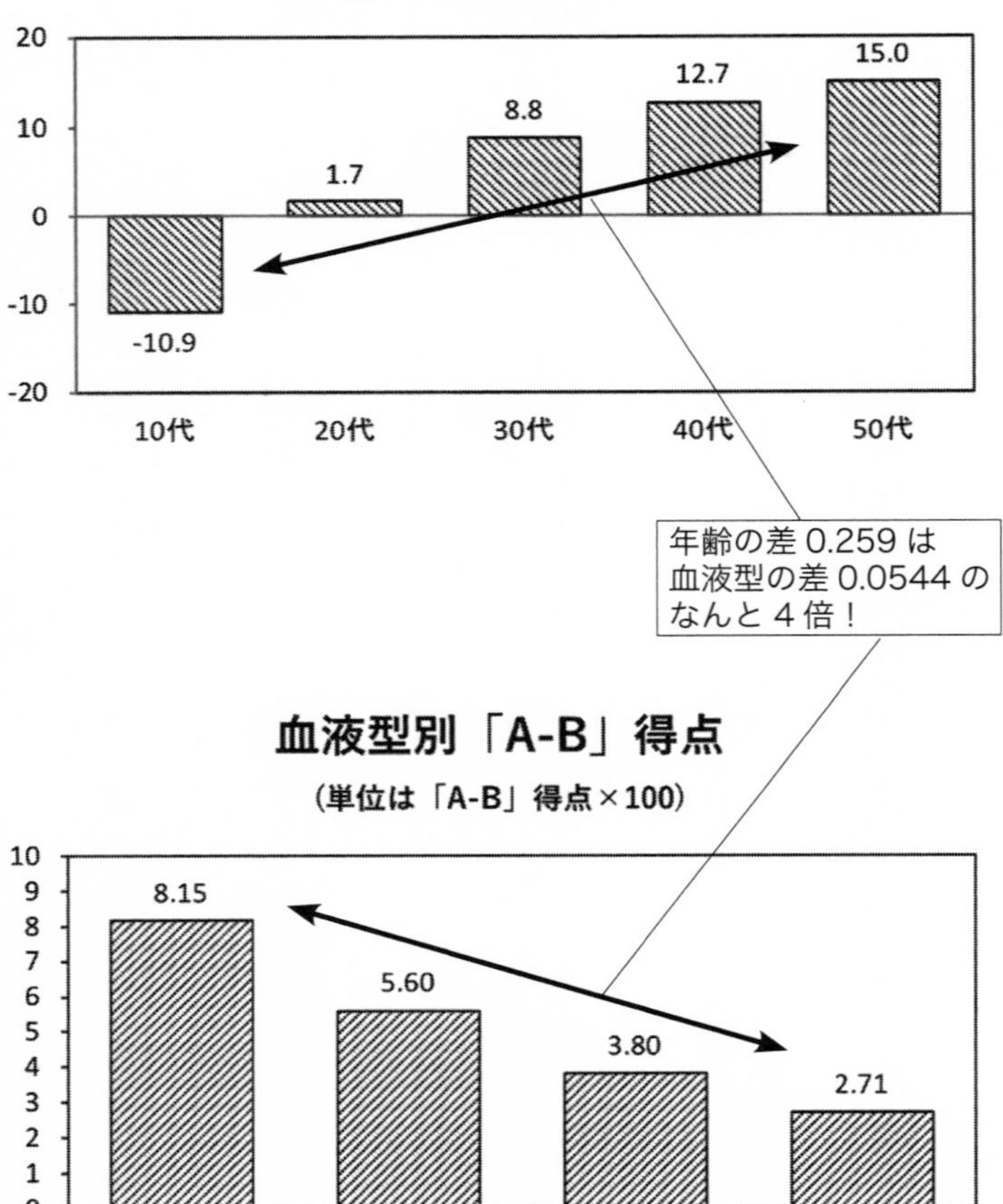
年齢別「A-B」得点
（単位は「A-B」得点×100）
20
10
0
-10
-20
-10.9
1.7
8.8
12.7
15.0
10代
20代
30代
40代
50代
年齢の差 0.259 は
血液型の差 0.0544 の
なんと 4 倍！
血液型別「A-B」得点
（単位は「A-B」得点×100）
10
9
8
7
6
5
4
3
2
1
0
8.15
5.60
3.80
2.71
A型
AB型
O型
B型

女、あるいは時代による影響も、血液型かそれ以上に大きいのです。

心理学者などの専門家の研究で一貫した結果が得られなかったのは、年齢や性別、あるいは時代などを無視して、勝手に血液型による「絶対的な差」を想定してしまったからです。だから、性格を比較するには、「相対的な差」を見ないといけないのです。調査対象者の条件は、極めて厳密に管理する必要があります。手を抜いて、うっかり「単純」に比較してしまったりすると、誤差が予想外に大きくなって、正しい結果が出なくなるのです。それは、男女の身長の差を比較するのに、年齢による差を無視して比較することと同じように間違いなのです。

逆に、巧みに「有名」な特徴を質問項目に選び、比較する血液型同士のグループ間で、年齢や性別や職業をうまくコントロールできている場合には、それなりに大きな差が出ています。典型は、大学生を対象にしたアンケート調査で、その実例として山岡重行氏の論文[★5]の結果を紹介しておきます。

なお、既に述べたように、同じようなことは、血液型に限らず、普通の性格テストでも起きています（☞詳しくは、補足説明の３０３頁「川本・小塩氏らの年齢差と性差の研究」を参照）。

次章では、引き続きデータを使って検証します。

【解説】血液型別特徴ランキング

次のランキングは、血液型に興味がある大学生649人に、自分の性格に当てはまるかどうかを調査した結果です。[★5] どの質問も、自分の性格にもっとも当てはまる場合は5、全く当てはまらない場合は1の5段階での評価を行い点数化してあります。①O型の強い目的志向性、②A型の慎重さ、③B型のマイペース型、④AB型の二重人格などの有名な特性が、かなりよく当てはまっていることがわかります。私の4千人の調査と同じで、血液型の特徴をうまくつかめば、誰がやっても同じ結果が得られるのです。

なお、グラフにpとあるのは、危険率と呼ばれる数値ですが、偶然で起こる確率と考えてもかまいません。統計学では、この数値が5%より小さいと、偶然ではないと判断することになっています。見たとおり、これらの「有名」な特徴は、すべて5%を下回っています。つまり、血液型と性格に関連性があることは疑いのない事実と考えてよいことになります。(拙著『血液型人間学のエッセンス』)

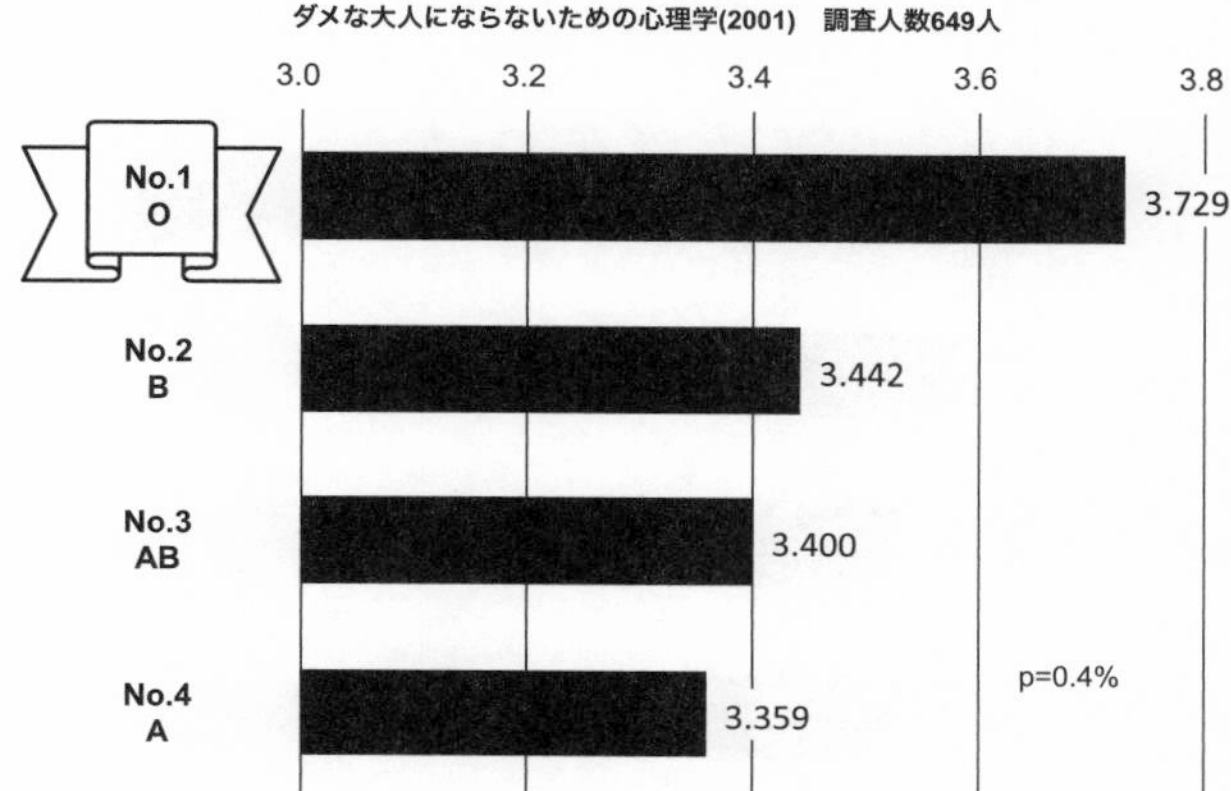
目的志向性のランキング
ダメな大人にならないための心理学(2001)　調査人数649人
3.0
3.2
3.4
3.6
3.8
No.1
O
3.729
No.2
B
3.442
No.3
AB
3.400
No.4
A
3.359
p=0.4%

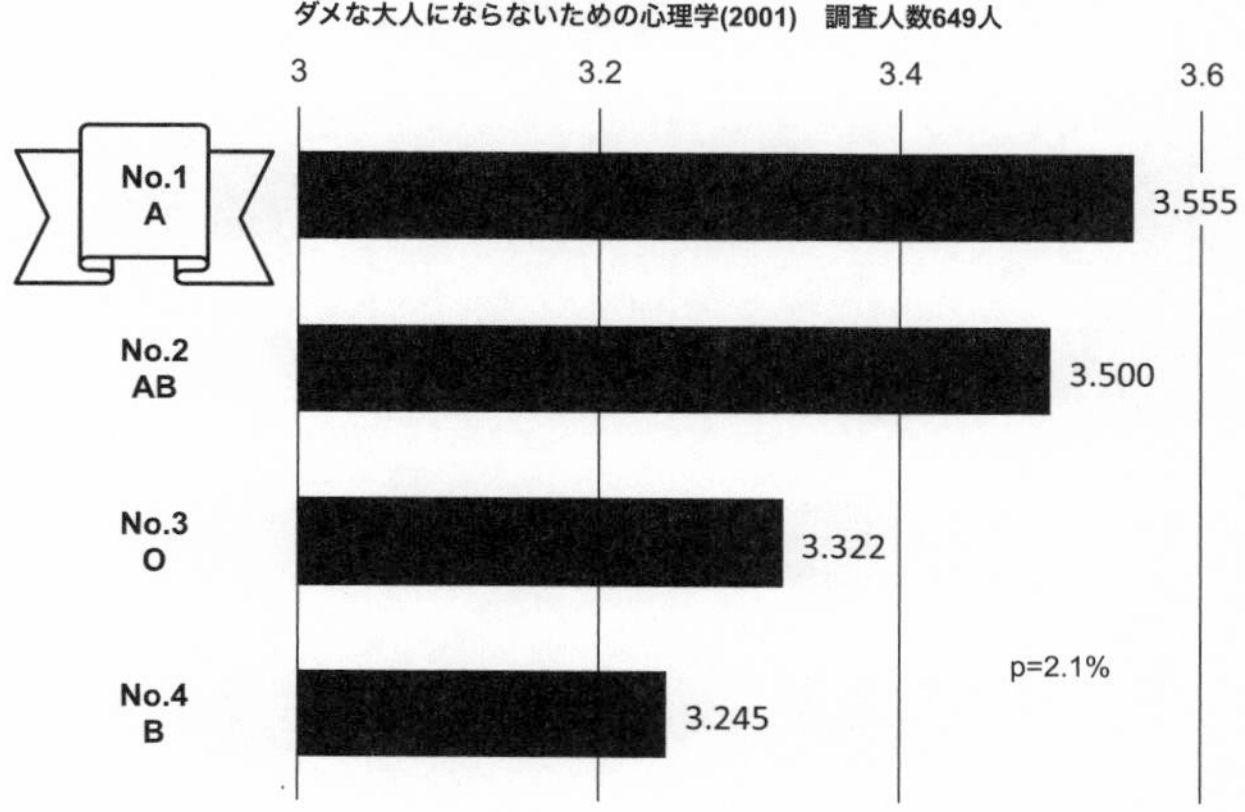
慎重さのランキング
ダメな大人にならないための心理学(2001)　調査人数649人
3
3.2
3.4
3.6
No.1
A
3.555
No.2
AB
3.500
No.3
O
3.322
No.4
B
3.245
p=2.1%

マイペース型のランキング

ダメな大人にならないための心理学(2001)　調査人数649人

2.6　2.8　3.0　3.2　3.4　3.6

No.1 B　3.517

No.2 AB　3.317

No.3 O　3.028

No.4 A　2.981

p≒0%

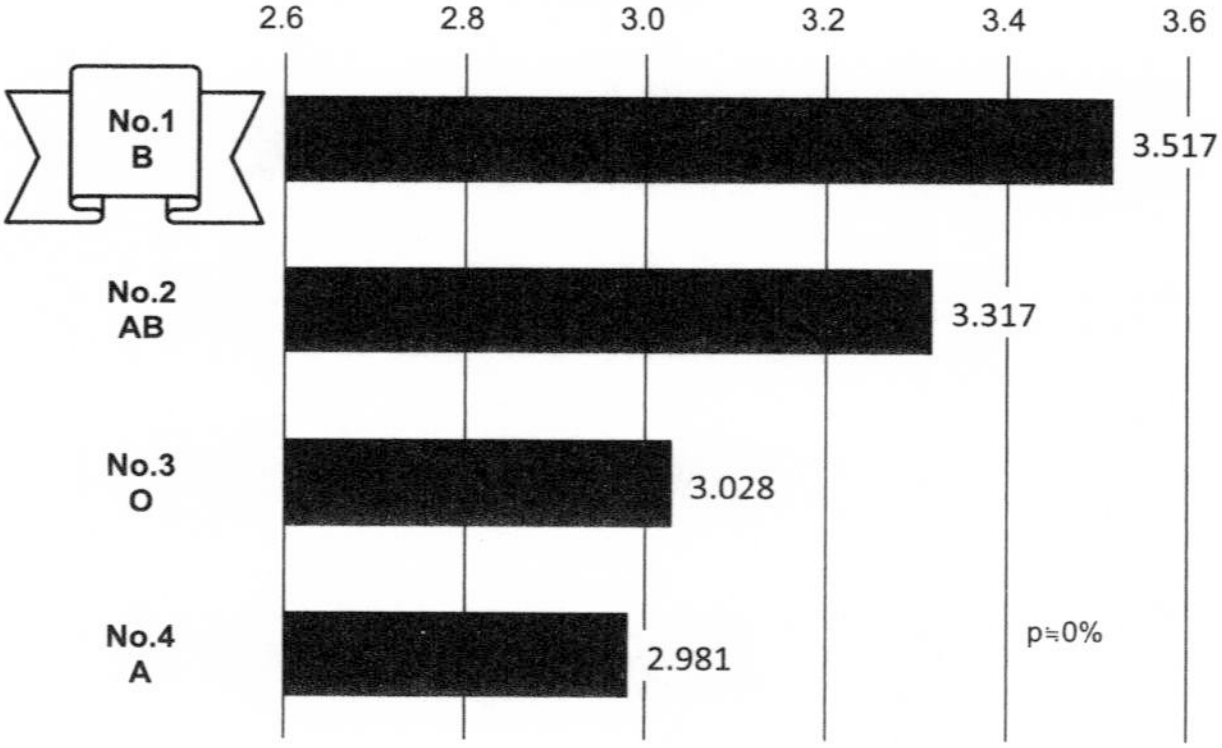

二重人格のランキング

ダメな大人にならないための心理学(2001)　調査人数649人

2.5　3.0　3.5　4.0

No.1 AB　3.767

No.2 B　3.177

No.3 A　3.008

No.4 O　2.808

p≒0%

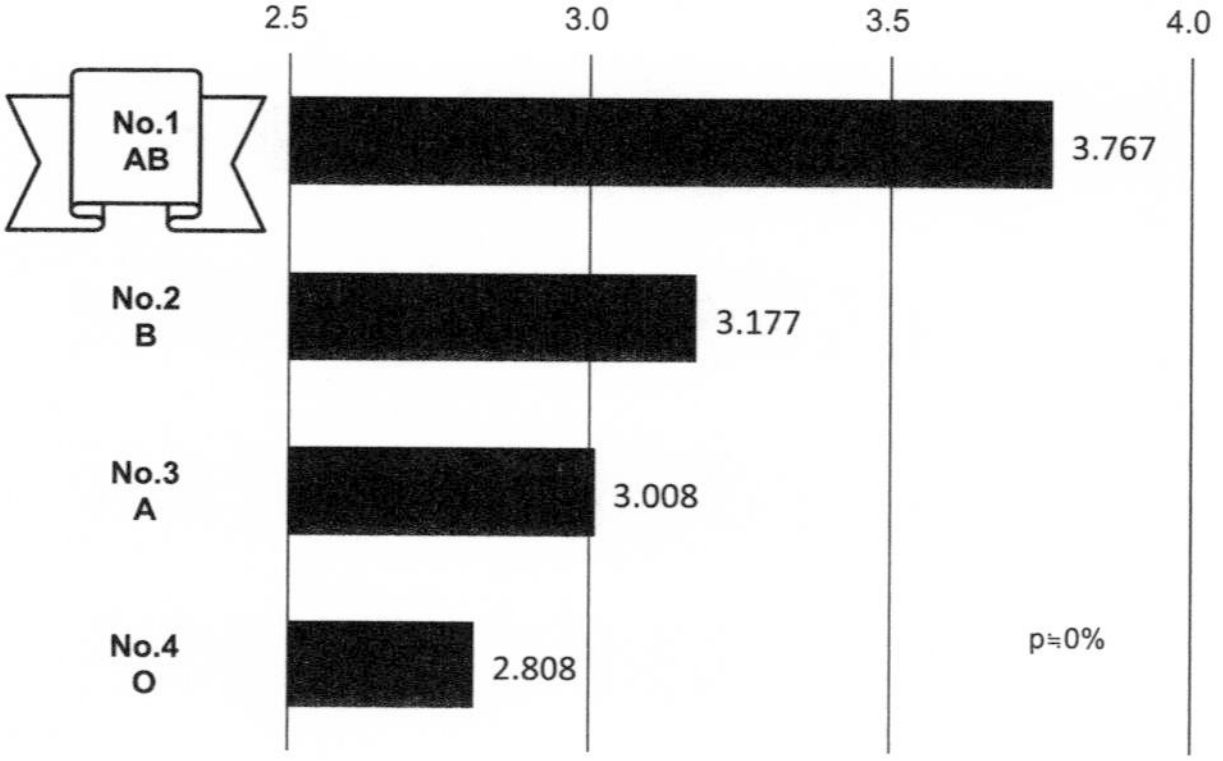

★1　現在では「性格心理学」ではなく「パーソナリティ心理学」と呼ばれている

★2　https://advance.sagepub.com/articles/preprint/13336571

★3　情報学部広報学科3年　松崎宏美「性格と恋愛にみる血液型効果」『文教大学情報学部　社会調査ゼミナール研究報告』２００８年2月［サンプル　文教大学情報学部学生１４０人　２００７年10月末現在］

★4　縄田健悟「血液型と性格の無関連性—日本と米国の大規模社会調査を用いた実証的論拠—」『心理学研究』２０１４年

★5　山岡重行『ダメな大人にならないための心理学』「第二夜　血液型性格診断に見るダメな大人の思考法」２００１年

★6　山崎賢治・坂元章「血液型ステレオタイプによる自己成就現象—全国調査の時系列分析—」『日本社会心理学会大会発表論文集』１９９１年

★7　インターワイヤード　ＤＩＭＳＤＲＩＶＥ「あなたの行動や思考と対人関係」に関するアンケート　２００４年

★8　川本哲也・小塩真司・阿部晋吾・坪田祐基・平島太郎・伊藤大幸・谷伊織「ビッ

グ・ファイブ・パーソナリティ特性の年齢差と性差—大規模横断調査による検討—」
『発達心理学研究』２０１５年

まとめ

・心理学者は関連性を認めないという〝公式発言〟とは逆に本当は肯定的。
・差が出る「有名」な特性とは、例えば次のようなものである。
　O型　おおらか、おおざっぱ
　A型　几帳面、神経質
　B型　マイペース
　AB型　二重人格
・自分の性格についてのアンケート調査なら、必ず血液型によって差が出る。
・血液型より、個人差、年齢、性別、職業、時代背景のほうが性格への影響が大きい。
・性格と関係ない質問では血液型による差が出ないことも多い。

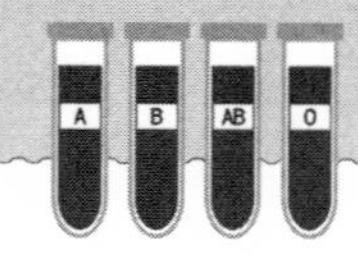

【コラム】国民栄誉賞受賞者の血液型

２０１９年４月29日に放送されたフジテレビの「石橋貴明のたいむとんねる」では、国民栄誉賞の受賞者の血液型を紹介していました。この番組によると、ちょっと意外に思うかもしれませんが、Ｂ型が一番多くて８人、次はＯ型の６人、Ａ型が４人、ＡＢ型１人の順でした。Ｂ型は、常識にとらわれないので、国民的大スターを輩出することが多く、これは大相撲やプロ野球などにも見られる傾向です。ちなみに、賞を辞退したイチローと福本豊の両選手もＢ型です。この２人を含めると、統計的にもＢ型が多いことになります（危険率３％）。

【Ｏ型　】王貞治、衣笠祥雄、高橋尚子、松井秀喜、美空ひばり、吉田沙保里
【Ａ型　】井山裕太、植村直己、千代の富士、山下泰裕
【Ｂ型　】渥美清、伊調馨、黒澤明、大鵬、長嶋茂雄、羽生結弦、森光子、森繁久彌
【ＡＢ型】羽生善治

第七章　60万人のデータによる検証

60万人の調査結果

心理学的に、血液型と性格が関係しているかどうかは、どう確認すればよいでしょうか。それは、性格についての質問をし、血液型によって違いがあるかどうか調べればよいのです。この章では、30万人を超える血液型と性格の調査で検証を行います。次章の30万人ほどのデータも合わせると、分析するデータは合計で60万人を超えることになります。

さて、「血液型と性格」の大規模調査の大部分は、明らかに肯定的な結果を示しています。上位10位までの大規模調査の結果を２０３頁の表にまとめてみました。これら10件のうち、実に9件（90％）までが肯定的な結果（差がある）なのです。サンプル数で比較すると、合計37万７７５２人中36万６０２３人（96・９％）なので、圧倒的に肯定的な結果といってもよいでしょう。

たとえば、表の第1位で、調査の対象が約23万人と最大の武藤・長島氏らの報告書には、「血液型と性格に関する解析では、［血液型に性格の差がある］過去の研究結果を拡張することができたとともに、21世紀以降のデータでは、**安定して血液型ごとに性格の自己申告について有意な差が出る**ことが判明した」とあります。この武藤氏ら研究のベースとなった、第3位の山崎・坂元氏の報告でも、「血液型と性格の自己報告との間の相関は、弱いが認められた」とあります。ほかの調査も基本的には同じです。

ところが、なぜか第6位の縄田健悟氏の論文（**太字**）だけが血液型による差が出ていないのです。この論文の質問項目（☞１８５頁を参照）はお金とライフスタイルに限られていて、性格とは直接の関係がありません。一方、他の9件の調査には、性格に関する質問が含まれています。つまり、縄田氏の質問項目は性格と直接の関係がないので、差が出ていないのです。

これらの結果は、韓国における消費者行動の調査報告とも一致しています。[★1] 血液型による消費行動の違いは、回答にはほとんど現れないことになります。それは、調査の質問項目が性格に直接関係していないからでしょう（☞補足説明２７８頁の「ハロー効果

「血液型と性格」調査人数ランキング　上位10位まで

順位	調査者	発表年	調査人数	有効人数	差	質問
1	武藤・長島他★	2012	230,800	138,500	○	性格
2	能見正比古★	1981	50,000	←	○	性格 他
3	山崎・坂元	1991	32,347	←	○	性格
4	P. J. ダダモ★	2001	20,635	←	○	性格
5	松井豊	1991	11,766	←	○	性格
6	**縄田健悟**	**2014**	**11,729**	**9,722**	**×**	**生活 他**
7	金澤正由樹	2021	7,000	6,609	○	性格
8	山岡重行	2009	6,660	←	○	性格
9	DIMSDRIVE★	2004	4,094	←	○	性格
10	市川千枝子★	2009	2,721	←	○	性格 他
合計			377,752	283,054	−	−

『B型女性はなぜ人気があるのか』(2016) を一部修正

★は心理学以外の調査、○は差が出た調査、×（太字）は差がない調査

は影響するのか」を参照)。

繰り返しますが、ほとんどのアンケート調査では、日本人の約70%は、血液型と性格の関連性を感じているという結果になっています。[★2] それなら、「A型は几帳面」「B型はマイペース」のような有名な特性なら、どのアンケート調査でも、必ず言われているとおりの差が出ているはずです。前述したように、数字は上の表に示されているとおりとなります。

でも、現に差が出てない調査ばかりだったんじゃないの、という反論があるかもしれません。かつては、専門家も口を揃えてそう言っていました。実

は、これは心理学的にも間違いなのです。アンケート調査や性格テストの基本は、その人が「思っているとおり」「感じているとおり」を回答することです。このことは、逆に、思っているとおりを回答していないという場合を考えてみるとわかります。

思っているとおりを回答していないとは、具体的にはどういうことでしょう。それは、たとえば、本当は○○首相を支持している人が、世論調査で「支持していない」と回答するようなものです。まさかそんなことをする人がいるとは思えません。ただ、もし回答者が実際にそんな回答をする人ばかりだったら、その世論調査の内閣支持率は全くあてにならないことになります。

これでもまだ、私の言うことを信用できないかもしれませんね。というのは、アンケート調査は、自分の性格を思っているとおり回答しているだけだから、「本当の性格」が血液型で違うという証拠はどこにあるのだと……。調査で差が出たのは、「知識の汚染」、つまり〝思い込み〟のせいだと……。

話が複雑になりすぎますので、ここでは、さらっと簡単に説明しておきます。

実は、〝思い込み〟は心理学的には無視してもいいのです。たとえば、心理学者である白佐俊憲氏らの「血液型性格研究入門★3」には、**アンケート調査の結果は、「その人の**

性格そのもの」と、つまり「本当の性格」とされるとあります。「その人の性格」ではなく、「その人が感じている自分の性格」というふうに、もってまわった考え方は普通はしないのです。

もし、アンケート調査の回答が「本当の性格」でないとすると、その人は自分の性格を正確に観察できない……と考えるしかありません。繰り返しになりますが、だいたい日本人の70％は血液型と性格が「関係ある」と考えています。それなら、日本人の7割のアンケート調査、つまり性格テストは信用できないことになります。こうなると、そもそも〝思い込み〟があると考えること自体に非常に無理があると言うしかありません（補足説明２７３頁「データの差が〝思い込み〟でない理由」を参照）。

さて、それでも、差が出ていないと頑として言い張る人もいるかもしれません。仮にそうだとするなら、血液型と性格の関連性を信じている回答者のほとんどが、結果的に「ウソ」をついていることになります。あるいは、自分や他人の性格の観察が超いいかげんで信用できないということです。ウソつきや、いいかげんな回答や、自己観察能力がない人の回答ばかりなら、そもそもそんなアンケート結果なんか、全然信用できないことになります。

確かにこれは「コロンブスの卵」です。この説明に反対する専門家は、完全にゼロとまでは断言できませんが、少なくとも私は聞いたことはありません。

星占いは当たるのか

正直に白状すると、いままでの私の説明は、「コロンブスの卵」ではありません。私は独自に思いついたのですが、実はちゃんとした心理学者のお手本があったのです。次は、このことについて説明しましょう。

＊　　　＊

ところで、占いといえば、特に若い女性に最も人気があるのは「星占い」です。いうまでもなく、誕生日を12の星座にあてはめて、その人の性格を占うものです。欧米では、もちろん一番人気の占いで、現地の多くの新聞には、日本でよくある今日の運勢のようなコーナーがあります。見たことがある人もいるかもしれません。

さて、この星占いですが、科学者や心理学者はけんもほろろに否定しているため、本当かどうかを真面目に研究した学者はほとんどいませんでした。アイゼンクという高名な心理学者が、そんなタブーを破って、本格的な研究に着手するまでは……。この有名な結果は、彼の著書『占星術―科学か迷信か―』にまとめられています。[★4] ポイントをかいつまんで紹介しておくと「星占いを信じていて知識がある人は、その知識と自己報告の性格が一致する」ということです。つまり、星占いの知識があれば、必ずそのとおりの性格の傾向を回答することになります。

対して、星占いの知識がない人では性格に差があまりありませんでした。ということは、回答者の性格に影響があるのは、星占いの知識だけで、星座そのものではないことになります。結局、星占いの性格には科学的な根拠はない、というのがアイゼンクの結論です。

まあ、当たり前すぎるほど当たり前の話なので、これ以上の説明は不要でしょう。

また、そういう「知識による汚染」を防ぐためには、アンケート調査のような自己報告の性格ではなく、職業と星座の関連性を調べればよいとしています。なお、血液型で職業や性格に差が出ていることは、既に書いたように実証済みです。

血液型は当たるのか

では、占いではないとしても、血液型ではどうなのでしょう？
確実に言えることは、星占いの研究でわかったとおり、血液型と性格の関連性を感じている人がいるかぎり、回答者全体では必ずそのとおりの性格の傾向が出ることです。しつこいようですが、日本人の約70％は、血液型と性格の関連性があると思っています。ですから、本当に血液型と性格の関連性があろうがなかろうが、アンケート調査や性格テストをすれば、回答者全体なら**必ず血液型と性格の関連性が現実の数字で現れる**ことになります。その結果が、第六章の１７５頁やこの章の最初に紹介した表なわけです。

ここで、もう一度菊池聡氏の文章を引用しておくと、

> 血液型学に限らず、おおよそすべての性格理論は統計的なものであって、集団全体の傾向としてしかとらえられない。
> （中略）

必要なのは個々の事例ではなく、統計的な事実なのである。
いずれにせよ、**血液型性格判断はなぜ虚偽なのか、これは提唱者が言うような性格の差が、現実に信頼できる統計データとして見あたらないという点につきる。**

（菊池聡「不可思議現象心理学9　血液型信仰のナゾ―後編」
月刊『百科』1998年3月号

ところが、実に不思議なことに、ほとんどの心理学者は、「必ず血液型と性格の関連性が現実の数字で現れる」ことに反対か、あるいは無視しているのです。最大の理由は、心理学の性格テストでは、血液型の差が出ないからでしょう。次章では、この不思議な現象について、30万人ほどの性格テストの結果を使って、別な角度から検討します。

★１　クワン・ホーソク（Kwan Ho Suk）、チ・ウンクー（Ji Eun Koo）「消費者の購買行動は、血液型と関連があるか」『消費者学研究』韓国消費者協会、２０１２年

★２　２０１５年11月８日放映のテレビ番組「日本のダイモンダイ」が、20万１１１９人の視聴者に向けて、「血液型と性格」についてのアンケート調査を行った。その結果によると、全体の68・８％が「血液型は性格に関係がある気がする」と回答している。

★３　白佐俊憲、井口拓自『血液型性格研究入門〜血液型と性格は関係ないと言えるか』１９９３年　☞自己報告型の質問紙調査の結果は、通常「その人の性格そのもの」を表すと受け取られている（「その人の性格」ではなく、あくまで「その人の性格の認知」を表すというふうにもってまわった考え方は普通しない）。

★４　Ｈ・Ｊ・アイゼンクほか『占星術―科学か迷信か―』１９８６年

まとめ

・総計40万人近くの大規模調査の結果では、性格に関する質問なら、すべて血液型が予想するとおりの差が出ている。

・性別、年齢、職業、時代背景などの影響は血液型より大きいので、それらの条件をきちんと管理しないと「誤差」が大きくなり、血液型の差がわからなくなることが多い。

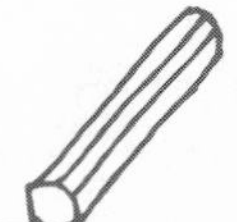

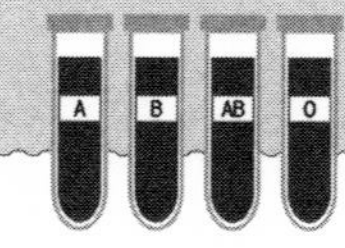

【コラム】血液型による脳の働きの違い

東海大学医学部の灰田宗孝教授（A型）は、ヒューマンサイエンスABOセンターと共同で、血液型による脳の働きの違いを調べています。この「光トポグラフィー」というシステムを使った実験の内容が、2017年5月2日のテレビ番組『林修の今でしょ！講座』で放送されました。実験は、被験者に特別な絵を見せて、脳のどの部位が活性化しているかを調べるものです。結果は、A型とB型では見事に対照的な部位が活性化したそうです。具体的には、A型は論理的な思考を司ると言われる左脳が活性化し、B型は感覚を司る右脳が活性化したとのこと。

ちなみに、O型は右脳と左脳が交互に活性化し、AB型は右脳と左脳がほぼ同時に活性化したそうです。4つの血液型が、それぞれ特有の活性化パターンを示したのは興味深いですね。

それだけではなく、血液型によって脳波に違いが見られるという韓国の研究（Choong-Shik Kim ほか2011年）も紹介されていました。今後の研究成果が楽しみです。

第八章　性格テストで差が出ない理由

性格テストでは差が出ない

世界的に最も広く使われていて、心理学で定評がある性格テスト（性格検査）は、「ビッグファイブ」（名前は5つの性格因子という意味）というものです。このテストには、少なくとも次の18件の「血液型と性格」に関する論文が存在します。もちろん、日本だけではなく、世界的に調査されているのです。これらに共通する結論は、**血液型の差は「ない」**、**あるいは他の調査とは一致しない**ということになっています。

ということは、ビッグファイブ性格検査では、血液型による性格の違いはほとんど現れて来ないということなのでしょうか？　後述しますが、私も4千人のサンプルを使い、簡易版ビッグファイブで追試しても、やはり統計的に意味のある差は見られませんでした。

実は、現在から10年ほど前に、誰もが仰天するような解答が公開されています。この論文の内容は、少なくとも私にとっては、非常にショッキングなものでした。

それによると、ビッグファイブ性格検査の「個別」の質問では、血液型の特徴がそのまま出ていたのだそうです。しかし、**一つひとつの質問を5つの性格因子に集約すると、それまで出ていた差が相殺されてほとんど消滅する**ことが当たり前のように起きていることがわかったのです。心理学の性格検査は、なぜか血液型とは相性が悪く、遺伝的な性格の違いを分析するのには向いていないとでも考えるしかないのでしょうか。

この難問の解答を発見した韓国の大学教授は、こう述べています。★1

・Big-Five Factor モデルを活用した研究では皆血液型と性格は関係がないという結論が下された（So Hyun Cho, 2005; Cramer, 2002; Rogers, 2003; Kunher, 2005 [☞215頁の表の1～4]）

・このために、So Hyun Cho ほか（2005）から該当の研究の調査データの提供を受け、個別質問項目に対してデータを再分析してみた

・このアンケートデータを質問項目別に再分析してみた結果、10個の質問項目で有意な血液型との関係が発見された［☞216頁の表］

ビッグファイブ性格検査を使った「血液型と性格」調査一覧

No.	研究者（発表年）	調査人数	国名
1	K. M. Cramer, E. Imaike (2002)	419	カナダ
2	M. Rogers, A. I. Glendon (2003)	360	オーストリア
3	K. Wu, K. D. Lindsted ほか (2005)	2,681	台湾
4	S. H. Cho, E. M. Shu ほか (2005)	204	韓国
5	Z. M. Hossein (2012)	160	イラン
6	J. Flegr, M. Preiss ほか (2013)	502	チェコ
7	R. A. Buckner, J. E. Buckner (2014)	182	アメリカ
8	F. Beheshtian, R. Hashemi ほか (2015)	160	イラン
9	M. Sharifi, H. Ahmadian ほか (2015)	400	イラン
10	A. Nahida, N. Chatterjee (2016)	100	イラン
11	M. T. Lo, D. A. Hinds ほか (2017)	260,861	イギリス
12	R. Alsadi (2020)	337	パレスチナ
13	A. Kumar, K. Sarvottam ほか (2021)	246	インド
14	川名好浩 (2003)	33	日本
15	森圭一郎，原野睦生 ほか (2005)	172	日本
16	久保義郎，三宅由起子 (2011)	273	日本
17	清水武，石川幹人 (2011)	866	日本
		1,503	
18	金澤正由樹 (2021)	4,000	日本
合計	−	273,122	−

質問項目別に再分析して差が発見された10項目

血液型	特性	質問項目	有意差のある比較対象
A	［思慮性］	協調的な　※	B (p = .001)
		暖かい	AB (p = .026)
		親切な	B (p = .046)
		思いやりがある	AB (p = .028)
B	* 非創造的	独創的ではない	A (p = .040), O (p = .034)
O	［内向性］	内気な	A (p = .009)
		恥ずかしがりな	A (p = .010), B (p = .013)
	［外向性］	エネルギッシュな	B (p = .034)
	［不安定性］	無秩序な	B (p = .040)
	［思慮性］	協調的な　※	B (p = .047)
AB	［論理性］	合理的な	B (p = .018)
	［思慮性］	協調的な　※	B (p = .023)

(*) 表示：特性のカテゴリーに整理されていない項目
※は同じ項目

【論文一覧】

1. Kenneth M. Cramer, Eiko Imaike (2002) Personality, blood type, and the five-factor model. Personality and individual Differences, 32, 621-626.

2. Mary Rogers, A. Ian Glendon (2003) Blood type and personality. Personality and Individual differences, 34(7), 1099-1112.

3. Kunher Wu, Kristian D. Lindsted, Jerry W. Lee (2005) Blood type and the five factors of personality in Asia, Personality and Individual Differences, 38, 797-808.

4. So Hyun Cho, Eun Kook M. Shu, Yoen Jung Ro (2005) Beliefs about Blood Types and Traits and their Reflections in Self-reported Personality, Korean Journal of Social and Personality Psychology, 19(4), 33-47.

5. Zirak Morandlou Hossein (2012) The Relationship between Students' Personality Traits and Their Blood Types, Journal of Health and Development, 1(3):221-226.

6. Jaroslav Flegr et al. (2013) Toxoplasmosis-Associated Difference in Intelligence and Personality in Men Depends on Their Rhesus Blood Group but Not ABO Blood Group, PLOS ONE. 8(4), e61272.

7. Rebecca Anders Buckner, John E. Buckner (2014) It is not in your blood: exploring claims that blood type and personality are linked, Skeptic [Altadena, CA], 19(3):24-27.

8. Fatemeh Beheshtian, Roghayeh Hashemi and Zolfaghar Rashidi (2015) The Five Personality Factors over the Students with Four Blood Types, Journal of Applied Environmental and Biological Sciences, 5(8), 45-49.
9. Mohammad Sharifi, Hamza Ahmadian and Ali Jalali (2015) The relationship between the big five personality factors with blood types in Iranian university students, Journal of Chemical and Pharmaceutical Research, 7(5), 233-240.
10. Amreen Nahida, Nandini Chatterjee (2016) A study on relationship between blood group and personality, International Journal of Home Science, 2(1), 239-243.
11. M. T. Lo, D. A. Hinds et al. (2017) Genome-wide analyses for personality traits identify six genomic loci and show correlations with psychiatric disorders. Nature Genetics 49: 152–156.
12. R. Alsadi (2020) Personality Traits and Their Relationship with Blood Groups among of Palestinian University Students, International Journal of Psychology and Behavioral Sciences, 2020; 10(2): 34-42.
13. A. Kumar, K. Sarvottam et al. (2021) Blood group- and gender-wise comparison of big five models of personality among medical students, Natl J Physiol Pharm Pharmacol.
14. 川名好浩（川村学園女子大学）血液型性格判断 － Big Five でのプロフィール－ 日本心理学会第67回大会論文集 p156 (2003)
15. 森圭一郎・原野睦生・江藤義典・津田彰・内村直尚（久留米

大）・中川康司（奈良県医大）TCI と Big5 による性格と ABO 式血液型の関連解析 日本生物学的精神医学会プログラム・講演抄録 第 27 巻 p306 (2005)

16. 久保義郎・三宅由起子 血液型と性格の関連についての調査的研究 吉備国際大学研究紀要（社会福祉学部）第 21 号 p93-100 (2011)

17. 清水武・石川幹人 ＡＢＯ式血液型と性格との関連性─主要５因子性格検査による測定 構造構成主義研究 (2011)

18. 金澤正由樹 Pilot Study Using AI for Large-scale Survey on Psychology: Blood Type and Personality in Japan (2021) [プレプリント]

【参考】

前頁の「心理学の性格テストでは血液型の差はわからない」のもととなった、韓国の心理学論文の内容は次のとおりです。

大学生を対象に研究を実施した結果、最も一般的な性格検査と呼ばれる性質の**ビッグファイブ性格検査と血液型の間には統計的に有意な関係がない**ことが分かった。しかし、ビッグファイブ性格検査ではなく、**血液型別の性格、特定の固定観念形容詞としての性質を測定した場合には、血液型に応じた性格の有意差がある**ことが分かった。特に４つの血液型の中でも、血液型別の性格特徴の固定観念のレベルが高いＡ型とＢ型にあっては、統計的に有意な結果が明らかになった。そして血液型別性格類型の信頼レベルに基づいて集団を分けて比較した結果、信頼性の高い人ほど、血液型別の性格、特定の固定観念に一致する方向に自分の性格を見ている傾向があり、信頼レベルが低い人の場合には、血液型別の性格、特定の固定観念に関する性格を測定した場合には、ビッグファイブと同様に、血液型による有意な性格の違いを示さなかった。**これらの結果は、血液型と性格の間に実質的な関係がなくても、血液型と性格についての人が持っている信念が人の思考や行動に影響を及ぼし、実際の自分や他人の評価を変更することもあることを示唆している。**

【出典（原文は韓国語）】

So Hyun Cho, Eun Kook M. Shu, Yoen Jung Ro (2005) Beliefs about Blood Types and Traits and their Reflections in Self-reported Personality, Korean Journal of Social and Personality Psychology, 19(4), 33-47.

性格テストはダメなのか

では、なぜこういう不思議な現象が起きるのでしょうか。これは、序章とこの章の最初に書いたとおりですが、もう少し詳しく説明しましょう。

心理学の性格検査のうち、最も一般的な「ビッグファイブ性格検査」では、何千何百もある性格を表す言葉から「因子分析」を使って5つの「性格因子（尺度）」を抽出します。このプロセスは、序章にも書いたとおり、「強きを助け弱きをくじく」方法です。つまり、性格因子を導出するときには、相対的に小さな差は切り捨てられます。

つまり、男女、年齢のような比較的大きな差は残され、検出が容易になります。一方、単独項目で出ていた血液型＝遺伝子による小さな差は、この5つの性格因子を抽出する過程で大多数が切り捨てられます（☞309頁を参照）。この現象は実データでも確認済みです。前述の韓国の研究では、全質問40項目のうち差が出るのは10項目のみでした。[★2] 日本でも状況は同じで、私が調べた限りでは、ビッグファイブ性格検査の短縮版[★3] 29項目のうち、差が出たものは「神経質」「几帳面」「自己中心的」などの数種類のみとなります。詳細については現在英語論文執筆中です。

重要なポイントは、これは因子分析の数学的・理論的な性質ということです。このため、性格因子の導出方法を根本的に変えない限り、どうしようもありません。極めて残念なことですが、ビッグファイブ性格検査は、そもそも遺伝子である血液型の差を調べるのには向いていないと考えるしかないでしょう。

逆に、性格因子の導出に因子分析を使わなかった、あるいは部分的に使った性格検査（たとえばＴＣＩ[★4]やＭＢＴＩ[★5]）では、一部の項目に限られるものの、Ａ型は忍耐強いとか[★6]、Ｂ型男性は直感的など[★7]、血液型が予想するとおりの差が出ています。いうまでもありませんが、第七章で述べた単独（個別）の質問項目は、そもそも因子分析なんか関係ないので、はっきりと差が出ています。

性格テストは何を測るのか

では、心理学のビッグファイブ性格検査は、いったい何を測定しているのでしょうか。実は、デジタル時代には、こんな素朴な疑問にも簡単に回答できます。実際に、手持ちの４千人の簡易型ビッグファイブ日本語版（TIPI-J）[★8]で分析してみたので、結果を

簡単にまとめてみました。なお、この分析方法は、こういう場合によく使われている一般的な方法です。

1位　25・23　性別
2位　22・62　血液型の知識（性格の感じ方＝性格感度☞後述）
3位　13・28　婚姻状態
4位　10・93　年齢
5位　8・00　血液型と性格の関係の有無（性格感度☞後述）
6位　7・55　職業
7位　2・43　子供の数
8位　1・05　血液型

注：数値は多変量共分散分析（MANCOVA）のF値

つまり、ビッグファイブ性格検査の質問は、性別、性格の感じ方＝性格感度、婚姻状態、年齢、職業などに影響される項目を重点的に選択していることになります。だから、血液型による差はほとんど出ないのです。
念のため、同じ4千人のデータを流用して、第五章で使った血液型の特徴の回答への影響度を調べてみました。こちらは、血液型の影響が大きいので、きちんと血液型の差が出ています。

1位　26・78　血液型
2位　14・66　性別
3位　10・40　血液型の知識（性格感度☞後述）
4位　10・07　婚姻状態
5位　9・19　職業
6位　8・28　年齢
7位　6・55　血液型と性格の関係の有無（性格感度☞後述）
8位　3・27　子供の数

注：数値は多変量共分散分析（MANCOVA）のF値

性格テストの無言の前提

もし、そうだとすると、かつて能見正比古氏が書いていたように、心理学の性格検査の限界も明らかになったことになります。なぜなら、性格検査では、次のことを無言の前提として仮定しているからです。

①　性格は言葉で測定できる（＝性格は言葉による自己報告）
②　同じ言葉は人によらずに同じ意味である
③　性格の自己報告は信頼できる

こういう仮定がないと、性格検査の正確さが保証されないことは明らかです。

しかし、考えるまでもなく、これらの3つの仮定には相当な無理があります。そしてまた、これらは前述のように、現実のデータによってものの見事に覆されてしまうのです。

①　性格は言葉で測定できる

考えるまでもなく、言葉だけで性格が測定できるはずもありません。

②　同じ言葉は人によらずに同じ意味である

③　性格の自己報告は信頼できる
この2つも事実を反映していないのです。

性格感度とは何か

「同じ言葉は人によらずに同じ意味」というのはどういうことでしょう。これは、具体的には、性格検査の点数が同じなら、そういう人たちは同じ性格ということです。しかし、性格検査は自己報告の回答なので、点数には自分の感覚がそのまま反映されます。感覚に個人差があるのは当然なのに、「性格感度＝性格の感じ方」に個人差がないというのはおかしくありませんか？

このような個人差は、五感の一つである味覚では、あまりにも当然のこととして受け入れられています。たとえば、微量の砂糖を水に溶かして飲んでみると、甘いと感じるかどうかは人によって差があるのです。ちなみに、味覚の個人差は、国際標準規格ＩＳＯや日本工業規格ＪＩＳとして、科学的に標準化されています。

同様に、性格の感じ方も、味覚のように人によって違いがあるとすれば、多くの調査

結果と一致することになります。男女の性格に差があると思う人は全体の8割程度です[★9]が、血液型では既に述べたように7割程度、県民性はもっと少なくてほぼ半分[★10]です。確かに、これは差の大きさの順になっているようです。

性格感度を測るには

デジタル時代には、これらのことも、実際のデータで簡単に確認することができます。サンプル2千人の簡易版ビッグファイブ性格検査（TIPI-J）[★8]でチェックしてみたところ、**正反対**の意味の質問にも、「他人や自分の性格に興味がある」人ほどスコアが高くなるケースが多くなりました。念のため、これは誤植ではありません！　繰り返しますが、同じ意味の質問ではなく正反対の意味の質問です。さすがの私も、これには非常に驚きました。

もう少し具体的に説明しましょう。

自分や他人の性格に興味があるかどうか（数値が大きいほど興味がある）を1～5（X軸）、TIPI-Jの質問項目のスコアを1～7（Y軸）にしてグラフを描くと、ある項目と

その正反対の意味の項目のスコアは、当然のことながら**反比例**するはずです。しかし、実際には

① きちんと反比例するケース（外向性E、開放性O）

② なぜか正比例するケース（協調性A、勤勉性C、神経症N）

に分かれました。ここでは、露骨に②の傾向が出ている神経症Nのグラフを次頁に示しておきます。「心配性で、うろたえやすい」と「冷静で、気分が安定している」は、もちろん意味は正反対ですが、自分や他人の性格に興味がある人ほど、どちらも自分に当てはまると感じてしまうようです。[★11] これは、性格の感受性、つまり「性格感度」の個人差が存在する明らかな証拠です。

多くの性格検査では、結果の正確性を高めるために、わざわざ複数の質問を設けているのですが、そうしてもあまり意味はないようですね。

これは割と一般的な現象のようで、実は血液型の質問でも同じことが起きています。序章と前章では、血液型と性格の知識レベル別に、「自分の性格にあてはまる」という回答（数値が大きいほどあてはまる）を算出してみました。結果は、血液型の特徴とされる知識の有無にかかわらず、自分の血液型に当てはまる項目の特徴の平均点数（スコ

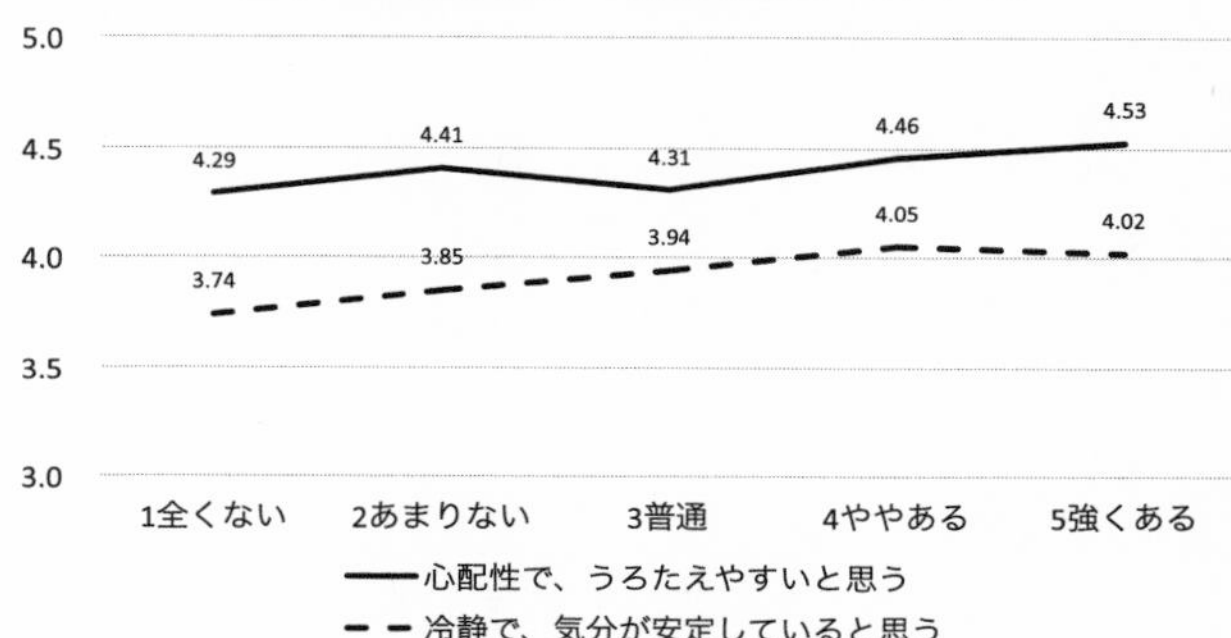

ア）が、自分以外の血液型より高かったことは、以前にも説明したとおりです。

次頁のグラフは、これを第五章の血液型予測（その1）で使ったサンプル2千人の12項目で計算した結果です。各質問のスコアは1から5までなので、平均は3程度となります（231頁の表も同じ）。このグラフからは、TIPI-Jと同じ現象が起きていることが読み取れます。

もし、性格の感受性、つまり「性格感度」の個人差がないとすると、**自分の血液型以外**の特徴のスコアの平均は、血液型の知識の有無には影響されないはずです。だから、「全く知らない」グループの**自分の血液型**の特徴のスコアが、「よく知っている」「多少は知っている」グループの**自分以外の血液型**の特徴より低くなることはあり得ません（※）。

しかし、実際には血液型の知識を「全く知らない」グループの**自分の血液型**の特徴のスコアの平均は、「よく知っている」「多少は知っている」グループにおける**自分の血液型以外**の特徴のスコアの平均より低いのです。

やはり、個人によって、性格感度が違うようです。性格感度が高い人は、他の血液型の特徴があまり自分にあてはまっていなくとも、十分あてはまると考えるので、回答のスコアが高くなります。逆に、性格感度が低い人は、自分の血液型の特徴があまり自分にあてはまっていないと感じるので、回答のスコアは低くなります。この傾向は、第五章の血液型予測（その２）など、他の複数の調査結果とも共通しているので、ほぼ確定した事実と考えていいと思います。

血液型の知識レベル別「自分の性格に当てはまる」
12項目の平均点数（スコア）

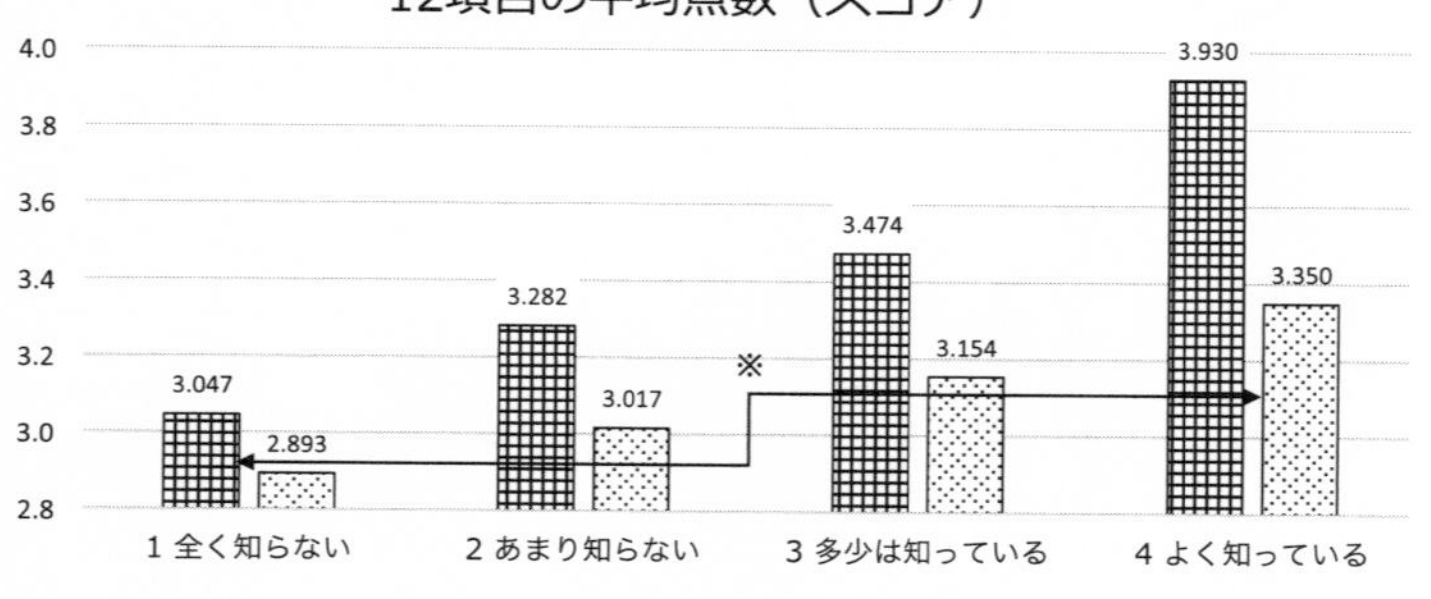

質問項目	血液型の知識レベル（人数） 1 (325)	2 (682)	3(770)	4(82)
感情が豊かで繊細である	2.818	3.101	3.404	3.756
気さくで社交性がある	2.403	2.740	2.936	3.305
人がよくて人間味がある	2.705	2.977	3.152	3.585

そこで、この2千人を対象に、同様に血液型の知識レベルによってどう性格が違うかも調べてみました。結果は上の表のとおりで、血液型の知識がある人ほど「感情が豊かで繊細である」「気さくで社交性がある」「人がよくて人間味がある」という回答のスコアが高くなりました。つまり、血液型の知識がない人ほど自分や他人の性格への関心が薄く、スコアが低く出る傾向があるということです。確かに、これはデータや実感とも一致します。やはり、性格検査の前提である「同じ言葉は人によらずに同じ意味」や「性格の自己報告は信頼できる」は成り立たず、現実の数字で否定されてしまうようです。

結局、血液型と性格の知識が少ないほど、関係に否定的なほど、人の性格に興味がないほど、スコアが低く出る傾向があるということになります。

性格テストはやはりダメなのか

このように、自己報告の性格を「そっくりそのまま」点数化することには、大きな疑問符が付きます。心理学で一般的なビッグファイブ性格検査が、この性格感度に大きく影響されることは明らかでしょう。こうなると、性格テストの精度を上げるには、性格を自己報告させるのではなく、〝お遊び〟の心理テストのように、「指名手配されたらどこに逃げるか」といった、その人の行動をベースに判断した方がよいのかもしれません。この件については現在調査中です。

いうまでもありませんが、性格は環境との相互作用です。つまり、環境が変われば、それに対応して性格も変わることになります。人が同じ言葉に同じ反応をするのは、環境が同じという条件付きの話です。誰だって、家庭と学校や職場とでは性格の表現は違うでしょうし、現在と5年前でもそうでしょう。このように、環境が変われば必ず反応が変わるはずです。だから、違う環境では、同じ言葉に同じ反応をすることは「ない」ということになります。

結局、大きな謎として残っていた、性格検査でなぜか血液型の差が出ないという難題

は、最新デジタルテクノロジーの強力なパワーを使えば、意外とあっさり解決したことになります。とはいうものの、検証に使用したデータは膨大で、この章と前章では合計60万人以上が必要となりました。ひょっとして、「ビッグデータ」と「ＡＩ」をうまく使えば、どんな謎でも簡単に解けるのかもしれません。これからの心理学は、頭脳の勝負というよりは、予算と技術を含めた総合力がものをいう時代になるのかもしれませんね。

★1　論文と表の出典（原文は韓国語）
Sung Il Ryu, Young Woo Sohn, A Review of Sociocultural, Behavioral, Biochemical Analyses on ABO Blood-Groups Typology, Korean Journal of Social and Personality Psychology, 2007.

★2　So Hyun Cho, Eun Kook M. Shu, Yoen Jung Ro, Beliefs about Blood Types and Traits and their Reflections in Self-reported Personality, Korean Journal of Social and Personality Psychology, 2005.

★3　並川努、谷伊織、脇田貴文、熊谷龍一、中根愛、野口裕之「Ｂｉｇ Ｆｉｖｅ尺度短縮版の開発と信頼性と妥当性の検討」心理学研究、２０１２年

★4　木島伸彦・斎藤令衣・竹内美香・吉野相英・大野裕・加藤元一郎・北村俊則「Cloninger の気質と性格の7次元モデルおよび日本語版 Temperament and Character Inventory (TCI)」『精神科診断学』7月号、1996年

★5　https://www.mbti.or.jp/

★6　Shoko Tsuchimine, Junji Saruwatari, Ayako Kaneda, Norio Yasui-Furukori, ABO Blood Type and Personality Traits in Healthy Japanese Subjects, PLOS ONE, 2015.

★7　Beom Jun Kim, Dong Myeong Lee, Sung Hun Lee, Wan-Suk Gimc, Blood-type distribution Physica A: Statistical and Theoretical Physics, 373, 1,533-540. 2007.

★8　小塩　真司・阿部　晋吾・Pino Cutrone「日本語版 Ten Item Personality Inventory (TIPI-J) 作成の試み」『パーソナリティ研究』2012年

★9　福島県男女共生センター自主研究「男女の特性に関する調査」2003年

★10　NHK放送文化研究所・編『現代の県民気質―全国県民意識調査―』NHK出版 1997年

★11　どちらもA型の性格と回答した人が最多でした。

まとめ

・総計30万人近くの大規模調査の結果によると、心理学で一般的なビッグファイブ性格検査は、血液型のような遺伝子の影響を分析するには向いていない。

・最新デジタルテクノロジーとビッグデータを活用すれば、思いもよらなかった新発見ができる可能性がある。

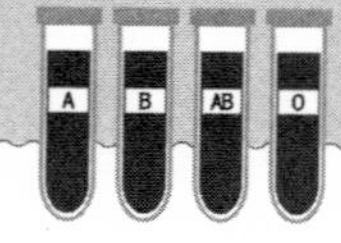

【コラム】アメリカ人の6割は血液型を知っている

本書で紹介した縄田氏の論文「血液型と性格の無関連性」の元データを調べると、アメリカ人が自分の血液型を知っている比率が計算できます。それによると、2005年に大阪大学が実施したこの調査では、アメリカ人4907人のうち、自分の血液型を知っていると回答したのが3108人、知らないと回答したのが1799人でした（無回答を除く）。

計算してみると、アメリカ人が自分の血液型を知っている比率は64・4％で、予想以上の過半数でした。血液型は意外と知られているものなのですね。もっとも、そうでもないと「血液型ダイエット」が流行るはずもないから、当然というべきなのでしょう。

この調査によると、その理由は次のとおりでした。

Q51　過去12か月の間に血液検査を受けましたか

はい、定期検査の一部として　2961人（60・1％）

【コラム】アメリカ人の６割は血液型を知っている

はい、病気が疑われたので　　２１４人（４・３％）
いいえ　　　　　　　　　　１７５４人（35・４％）
※全回答者４９７９人のうち有効回答４９２９人

ということで、アメリカ人のほとんどが自分の血液型を知らないというのは、単なる都市伝説に過ぎなかったようです。

もっとも、ある有名なＡＢＯ血液型の研究者からの情報によると、全くの都市伝説とはいえないのかもしれません。欧米人にはＡ型が多く、対してアジア人にはＢ型が多い。そこで、かつてのナチスでは、Ａ型が多いことを「アーリア人の優位性」として喧伝しました。ナチス親衛隊は全員Ａ型で揃えたという話も聞いたのですが、真偽のほどは確認していません。そのトラウマもあるのかどうか、欧米では「血液型と性格」はあまり話題にならないとのこと。

意外かもしれませんが、ナチスでは、血液型を個人に結びつける研究は存在しない……はずです。「Ｂ型のアーリア人」が、「Ａ型のアジア人」より劣るのでは、それこそ逆効果になってしまいますからね。

終章　専門家が反対する理由

不自然な日本の心理学論文

なんとなく血液型の論文を調べていたある日、ちょっと奇妙なことに気が付きました。次頁の表を見ればわかりますが、第七章で取り上げた大規模調査のうち、**唯一差が出ていないとされる第6位の縄田氏の論文（太字）だけが日本の心理学者のチェック（査読）をパスしている**のです。逆に、日本での心理学論文で、差が出ていると書かれているものは、すべて心理学者などの専門家による査読はないのです。これは単なる偶然だと考えてよいのでしょうか？

第六章と第七章で述べたように、心理学的には「必ず差が出る」のだから、心理学者の全員が「差がない」という結論なのは極めて奇妙だし不自然です。ということは、日本の心理学会には「血液型によるデータの差がある」とは言い出せない雰囲気があり、

再掲「血液型と性格」調査人数ランキング　上位10位まで

順位	調 査 者	発表年	調査人数	有効人数	差	質問
1	武藤・長島他★	2012	230,800	138,500	○	性格
2	能見正比古★	1981	50,000	←	○	性格 他
3	山崎・坂元	1991	32,347	←	○	性格
4	P. J. ダダモ★	2001	20,635	←	○	性格
5	松井豊	1991	11,766	←	○	性格
6	**縄田健悟**	**2014**	**11,729**	**9,722**	**×**	**生活 他**
7	金澤正由樹	2021	7,000	6,609	○	性格
8	山岡重行	2009	6,660	←	○	性格
9	DIMSDRIVE★	2004	4,094	←	○	性格
10	市川千枝子★	2009	2,721	←	○	性格 他
合計			377,752	283,054	―	―

『B型女性はなぜ人気があるのか』(2016) を一部修正

★は心理学以外の調査、○は差が出た調査、×(太字)は差がない調査

「データに差がある」という主な論文・研究報告

	日本語	外国語(英語・韓国語)
日本人の査読あり	**なし** **“ミステリーゾーン”** **(投稿が全部不掲載?)**	なし (投稿がないと思われる)
外国人の査読あり	なし (投稿がないと思われる)	SoHyun Cho 他 (2005) In Sook Yoon 他 (2006) Beom Jun Kim 他 (2007) Sung Il Ryu 他 (2007) ○土嶺章子 他 (2015) ○金澤正由樹 (2021)
査読なし	○山崎・坂元 (1991) ○白佐俊憲 (1999) ○山岡重行 (2006) ○久保田健市 (2007) ○工藤恵理子 (2009) ○武藤・長島 他 (2012)	Choong-Shik Kim 他 (2011) [脳波の研究] Yong Kee Kwak 他 (2015)

☞「データに差がある」論文は日本人の査読を通らない?

○は日本人が執筆したもの　論文名は参考文献を参照

誰も逆らえないのでしょうか？

「血液型によるデータの差がある」と発言できない〝空気〟が漂っていることを実証するような報告もあります。筑波大学の清水武氏によると、彼の論文は〝肯定的〟な結果が出たという理由で学会誌に掲載されなかったとのことです。

今後の［日本の心理学会の］研究論文は、［血液型と性格に関係があるという］関連説を肯定的に支持する内容が含まれる限り、全て掲載に値しないという判断が下される可能性が極めて高いことになる。やはり、**掲載を認めるわけにはいかないという結論が先にある**ように感じられる。

（清水武「心理学は何故、血液型性格関連説を受け入れ難いのか―学会誌査読コメントをテクストとした質的研究」『構造構成主義研究』２０１１年）

論文のミステリーゾーン

もっとびっくりする出来事もあります。学会（心理学会？）が血液型に対して極めて冷淡なスタンスを示していることは、この清水氏の論文の「査読者」でさえ認めているようなのです。

血液型と性格を否定的に論じる現状が間違っており、著者の主張が正しい場合もある。アインシュタインの相対性理論の論文がレフリーペーパーにならなかったように、正しい論文が正当に評価されずに掲載されない可能性もある。しかし、**この論文は（仮に正しいとしても）現在の●●が掲載を認めるものではないと思われる。**

（●●は学会名。清水武　前掲書より第二査読者のコメント）

「データに差がある」という投稿が不掲載となったケースは、私が知っている範囲でさえ清水氏以外にも存在しています。どうやら、**肯定的な論文が見当たらない〝ミステリーゾーン〟が存在するのは偶然ではない**ようです。繰り返しになりますが、そういう意味では、次の日本パーソナリティ心理学会のホームページの内容は、こんな残念な現状を素直に告白しているように思えてなりません。

われわれ心理学者は血液型性格判断を生み出した責任をとって、[注1]自分たちで血液型と性格との関係について科学的なデータを集めてきましたが、そうしたデータからは血液型と性格の関係がほとんど確認できていないことはご存知の通りです。

注1　血液型性格判断の基礎を作った古川竹二（1890－1940）は昭和の初めに活躍した心理学者・教育学者です。（日本パーソナリティ心理学会の公式サイト）

どうやら、日本の心理学会では、「血液型と性格」の研究がタブー視されている可能性が極めて高いようです。ではなぜ、ここまでして否定しないといけないのでしょうか。その理由と思われるものが、武田氏の著書『本当はスゴイ！ 血液型』の中にあります。私もまったく同感ですので、少々長いのですが、関係部分を引用しておきます。

「血液型と性格の関連性」が認められれば、いままで自分たちがやってきたことの根本が崩れることになります。現在、精神医学界で権威とされている学説や学者さんたちの多くは、メンツを失い、その地位を脅かされることになるはずです。

それを防ぐために、「血液型と性格の関連性」について、まったく核心をはずしたアンケート調査でお茶を濁してきたのです。「血液型と性格の関連性」を肯定する主張に対しては、「差別につながる」などとして、つぶしにかかっているのです。

（182頁より）

専門家の研究が進めば、遠くない将来、人間の性格についての知見が大いに深まる可能性も少なくありません。

武田氏は、こうも書いています。

本書の本当のねらいは問題提起です。

こんなに異常値が出ているのだから、専門家の方々、いつまでも逃げていないで、きちんと本格的な調査をしてください、という話です。（同書　196頁より）

本書をここまで読んでいた方に賛同していただけるかどうか……。

血液型と性格に関するビッグデータをＡＩで分析したところ、想像もしていなかった新事実の、少なくともその片鱗は発見できたのではないでしょうか。

過去のいきさつはともかく、専門家の皆さんには、どうか着実に研究を進めていただき、新しい知見を示していただきたいというのが、武田氏と同じく私の切なる願いです。

まとめ

・外国では「血液型と性格」に肯定的な論文は意外とある。

・日本の心理学者の〝公式見解では「血液型と性格」に極めて否定的なので、肯定的な論文は査読で必ずはねられる。

・肯定的な論文は、日本語より英語で書いた方が受理される。

・最新テクノロジーとＡＩは、極めて強力なツールである。

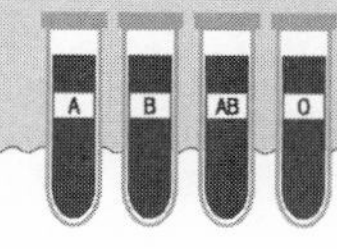

【コラム】中国血液型事情

血液型と性格の研究は世界中で行われています。英語論文も少なくなく、最近目立つのは、イランなどの中東、そして経済成長がめざましいインドです。ただ、普通の人々の話題になるのは、やはり日本と地理的に近い東アジア圏が中心となります。

韓国なら、２００４年に映画化された「Ｂ型の彼氏」や、日本でも２０１３年からアニメシリーズ化された「血液型くん」が有名です。台湾でも、かなりの数の血液型本が出版されています。また、能見正比古氏などの翻訳本も、現地の複数の出版社から発売されています。ちなみに、中国語では、血液型は「血型」となります。

中国は世界第2の経済大国ですから、以前から独自の研究が進められていて、ベテラン研究者としては、王建強氏（B型）の、

『血型与人生　探求血型奥秘密　解読人生命運』２００５年

『血型与心理学』２００８年

『血型人格　血型思維［思考］方式之人類心理活動的基本規律』２０１４年

や、続金健氏（A型）の、
『ABO在中国　百年血型再発現』2002年
『血型密碼［秘密］　血型・性格・文明』2008年
『領導［リーダー］与血型　来自大型国企業血型調査報告』2014年
などが有名です。また、樊承岩氏（AB型）の『血型、思維［思考］与文化』（2013年）は300頁以上の力作で、タイトルからわかるように、哲学的な考察も行っています。そのほか、欧陽羽峰氏（B型）の『血型魔方［ルービックキューブ］～中国人的血型与性格和邏輯思維新的分析報告［中国人の血液型と性格・論理的思考の分析報告］』（2004年）が挙げられます。

これらの書籍は、基本的に血液型と性格についての解説書です。エンタメ色の強い日本とは違って、どの本もかなり学術的で真面目な内容となっています。続金健氏の『領導与血型』は、国営大企業のリーダーの血液型を独自に調査し、その結果をまとめた労作です。

3年ほど前の2018年には、若手の女性研究者である唐狸氏（本名は李南南、AB型）が『血型与性格』という著書を発表しました。売れ行きも好調なのか、重版もされています。彼女は以前にフォーチュン５００国営企業の人事部門に勤務し、人事管理の高度な国家資格も取得しているため、性格分析はなかなかシャープです。日本人が読んでも十分楽しめそうなので、簡単に内容を紹介しておきましょう。次は冒頭部分の仮訳です。すばらしいと思いませんか。

みなさんこんにちは、唐狸（タンタン）です。私はかつてフォーチュン５００国営企業の人事部門で働いていました。人事管理専攻の勉強から人事部で６年間働くまでの10年間、一貫して人々の性格を研究し、人事部で働く事例を観察してインタビューする一方、心理学や各種心理テストも積極的に学びました。キャリアの夢を実現し、性格の奥義を探求する過程で、性格の奥義を開くカギの一つが血液型科学であることを発見しました。

血液型がその人の性格を決めているという言い方は科学的ではありません。誰もがそれぞれに個性を持つなかで、血液型は性格形成の一部の原因であり、家庭、生育環境、人生経験は性格形成の重要な影響因子です。本書を読んでいく中で忘れてはならないのは、各人の個性です。この本は血液型の共通性を研究しており、一人ひとりの具体的な性格を判断するには、やはり長い付き合いと誠実な気持ちが必要です。
　私は自分の10年間の実践経験をまとめました。これを皆さんと分かち合いたいです。読者の皆さんと、自らの経験を交えて考えを共有したいのです。あなたの血液型、相手の血液型は何であるか、そういった血液型の知識を勉強することによって、自分自身についても多く知ることができ、長所を伸ばし、短所を避け、他人をより深く理解し、人間関係の矛盾を減らし、個人の潜在能力を発揮し、事業の成功を促進し、他人との長期にわたる関係を獲得し、自分の生活をより楽しくすることが、この本の主旨なのです。

　この本のメインは中国大企業の日常で、リーダーの管理スタイルや行動を、4種類の血液型ごとに軽妙なタッチで描いています。若い中国人女性らしく、日本アニメにも興味津々で、まるまる一章がアニメキャラクターの血液型分析なのです。内容は普通の日本人よりは詳しいでしょう（笑）。登場するアニメですが、「ワンピース」や「ナルト」はともかく、少々マニアックなものも含まれていて、「とある科学の超電磁砲」と「干物妹！うまるちゃん」もあります。うまるちゃんは、私はこの本で初めて知りました。中国人らしく、中国小説の血液型分析もありますが、日本人の興味を引くのは西遊記ぐらいかと思います。特に日本アニメの解説が面白かったので、ぜひ翻訳したいところですが、費用面や時間的な制約もあり、なかなか実現できないでいます。

なお、香港では、英語論文でお世話になった、ＡＩ香港の共同設立者であるＡＢ型の王華（Fred Wong）氏が、２０１７年に『Bloody AI Alchemist』という英語の著書を出版し、ＡＩと結びつけた分析を発表しています。

あとがき

毎年新しい発見があることがうれしくて、また新しい血液型の本を書きたくなってしまいます。英語版も含めると、なんと6冊目を出版することになってしまいました。そしてまた、初めて3編の英語論文を海外の学術誌に投稿し、学術誌に公開することもできました。追加で何編かを執筆中です。まさかこんなことになろうとは……。まったく夢にも思っていませんでした。

２０１８年に、武田知弘氏の『本当はスゴイ！ 血液型』が大ヒットしたのは、実に喜ばしい出来事でした。本書では、武田氏の本を大いに参考にさせていただいて、なるべく多くの人が気軽に楽しめるような内容に書き上げてみました。読後の感想はいかがだったでしょうか。少しでも血液型の活用が広がるとしたら、著者としてとてもうれしいことです。

不可解な姿を見せる「血液型と性格」は、従来の心理学ではうまく解明できませんでした。しかし、いくつかの大胆な仮定をすれば、現実のデータのかなりの部分が、矛盾なく統一的に、心理学的にも無理なく説明できるようです。

本文の最後にも書きましたが、膨大なデータをＡＩで分析すれば、以前には想像もしていなかった新事実が発見できるかもしれません。実際にも、いままで大きな謎だった、性格検査で血液型の差が出ないことも、60万人超という「ビッグデータ」のおかげで、あっさりと解決することができたと思います。こうなると、「人の性格」のモデルの再構築も進むかもしれません。私は、これらのことが、かつて心理学の大御所が望んでいたことだと信じています。

また、研究・発表は、もはや日本や日本語だけにこだわる理由もないでしょう。デジタル時代に入り、機械翻訳がこれだけ進歩した現在、意外と英語で論文を書いた方が受理される可能性もあります。現に、専門家でない私のような人間でも、査読前論文＝プレプリントだけではなく、査読された論文を発表することが可能でした。

プレプリントというと、普通の論文よりランクが下がるような印象を受ける人も多いかもしれません。しかし、新型コロナでは、論文審査に時間がかかりすぎるため、プレプリントに注目が集まるようになりました。論文が公開されても、既に流行が終わって

しまったのでは話になりませんから……。[★1]

最後に、本書のタイトル『デジタル時代の「血液型と性格」』のように、世界各国で議論の輪がますます広がることを願って結びの言葉とします。

★1 MEXT–NISTEP プレプリント調査・検討チーム プレプリントをめぐる近年の動向及び今後の科学技術行政への示唆 科学技術・学術審議会 情報委員会 ジャーナル問題検討部会（第７回）資料 https://www.mext.go.jp/content/20201026-mxt_jyohoka01-000010684_2.pdf

補足説明

能見正比古氏による気質の解説

次は、能見正比古氏自身による各血液型についての解説です。前著では、残念ながらスペースの関係で省略しました。ここでは、オリジナルの文章を「そっくりそのまま」引用しておきますので、理解の一助にしていただければ幸いです。繰り返しますが、×型は○○の性格といったように、単純な決めつけはいけません。血液型の特徴は、言葉で表すと矛盾することもあり、実にダイナミックな姿であることがわかります。

O型気質の核心

生きるものとしての自然の性を、最も純粋に保持するのがO型気質の核心といえる。こういうと、早とちりして、

「じゃO型は原始的だというのか?」

気色ばむO型も出る。たとえそうでも落胆することはない。最も自然性に近いこ

とは、即、最も人間性が濃い、人間臭いことなのだ。自然から遠ざかり機械文明化されるほど、人間性が増すわけがない。事実、O型の第一印象は（育ちの過程で閉鎖的になった場合を除き）、ホットな人間味を感ずることが多い。生命体の自然性とは、より強くより栄えて生きようとする意欲、バイタリティの強さなのだ。O型は男女を問わず、生活力のたくましさを最も感じさせられる。O型の目的志向性の強さも、ここに由来する。生命体は生きるための目的を設定し、その目的を遂げるのに右顧左眄（うこさべん）を許さない。

人はまた、道具を作り使用する生き物である。O型は、この道具を最もよく使い切るように見える。事実、突拍子もなく、器用な人も、従来の観察ではO型の中に目立つ。特に気づくのは、O型が言葉をも**道具として**使い切っているように見えることだ。道具だから、道具に振り回されることはない。O型は、言葉によって追いつめられたり、言葉で迷うことの最も少ない人々といえよう。

大切なのは、人間は社会的生物として進化して来たということだ。従って、個体として生きる欲望と社会（または仲間や集団）を結集しようとする欲求を、ともに生のままで強く持つのが、またO型気質なのである。この二つは矛盾するようだが、考えて見ると矛盾とは言葉の論理の食い違いに過ぎない。O型には二つの欲求が全く矛盾なく共存の観がある。

O型の気質表現の様々なものが、多かれ少なかれ、この自然性から出ていることを頭において、気質の核心の表（☞268頁）を読みとってほしい。

（能見正比古『血液型エッセンス』第5章）

A型気質の核心

生きる根源のO型気質は、どの血液型の人にも共通に含まれる。ただ、その上にA型、B型物質が加わると、積極的にも消極的にも、制限を受け、条件づけられる。そのあり方はAとBで異なり、また濃淡強弱が人によって違って来るのである。

A型の制限の仕方の基本は、秩序……形を整えようとする欲求である。

では、A型は形式主義者かと誤解しないでほしい。確かに形作りに内容と自覚が伴わなければ、そうもなり得る。しかし形は、別にプラトンの理念（イデー）と形相（エイトス）を持ち出すまでもなく、私たちの社会では重大である。文化や伝統を残し継続するためには形は不可欠なのだ。

このA型の傾向の発生について、私は「血液型人間学」にSF的な着想を述べた。恐らくA型は、過去、山奥か密林など見通しの悪い環境で発達したものであろうというのである。この仮定は、A型の多くの特性を説明するのにバカに都合がい い。たとえば、A型の周囲に対する細かで鋭敏な注意力も、こうした環境では、必然的に研ぎすまされよう。

形式的な秩序やルールも、こうした見通し悪い場所で群を維持しまとめて行くためには、絶対になくてはならぬ。眼で見ることに頼れない以上、見えないルールに依存せねばならない。法社会の誕生には、A型の寄与するところが大きかったであろう。このことは〝集団〟を〝社会〟に拡大する重要な契機となった。O型の自然集団には数量的に限界がある。A型気質のルール性が、それを越えて、国家や、国際社会に至る大組織化を可能にした。

この形作りのA型性が、三つの傾向を生む。

その第一は完全主義だ。形が設定されると、現実を、それに完全に合わせる努力が要求される。それはまた完全に不足な部分を教え、気にかける悲観主義につながる。平たくいえば、苦労性、心配性である。

完全主義はA型の場合、しばしば形の上のそれとなる。不完全な状態を隠そうとして、異常なくらいのプライドの高さとなり、極端な場合は、一種の虚勢に近くなるのだ。

完全主義はまた、A型の丹念で、一つ一つ段階を確かめるように踏む行動傾向全般にも、関連しているようである。

第二は、設定された形式に、合致して生きるときの満足感、合致しないときの焦躁感として現れる。A型の生き甲斐を求める心の強さである。第三は、形式に自分を従わせようとするところから、強い自己抑制。それが個人性を抑圧することで、逆に内面深く個人的欲求不満を高め、現状から脱皮しようとする願望を増大させるというA型の二重気質である。

これらについては、気質の核心の表（☞268頁）と、各節での略説［省略］で、その都度触れて行こう。

（能見正比古『血液型エッセンス』第5章）

B型気質の核心

代表的な二つの特徴がある。マイペースの行動と、総じて物ごとに対するケジメのなさである。前者により集団性が、比較的薄められ、後者はA型と反対に、秩序や形作りへの志向性が弱いことを示している。

B型はA型と逆に、草原、砂漠、海洋等、見通しの広々とした環境で発達した血液型と見ることができる。そこでは、どうしても視認性、目に見える実体の識別が行動決定の中心となり、興味や関心も、そこに向かう。B型の妙に実用的な考え方の原因でもある。

見通し悪い場所の危険回避は、わずかの兆候への注意力、そして想像力推理力に頼るが、広々とした地域では、何よりも調査と情報収集能力である。B型のジャーナリスティックな面と科学的な眼も、そこから出る。

最近、私は母校泉ケ丘高校（旧金沢一中）に講演に招かれた折、全校生徒の血液型分布を学級別に書き出して貰った。全体としては日本人の平均分布率に、よく一致していたが、驚いたのは理数科学学級だった。これは学年ごとに特設してあるのだが、いずれもB型が三、四〇パーセントの高率を示していたのだ。教育に関する血液型データは、もっと収集の要がある。

広い場所では、集団の成員は、ほとんどが目に見える範囲に存在する。そこでは抽象的な秩序やルールは特に要求されない。事ある都度、何が有効かを具体的に考えて決定すればいい。形式や基準の堅固さより、正確さや妥当性が問題だということである。

形式的に白か黒かの二者択一も、B型気質には、それほどの絶対的価値ではない。B型にとって、分類は、事実を知るだけの便宜的なものであり、行動を規制するものにならない。周囲からケジメがないと見られるゆえんでもある。

世界の民族の血液型構成から見て、先進社会は、O型とA型の合作、特に構造的にはA型の筋が強く通っているものと見なしていい。そうした社会では、B型の秩序にとらわれない、ケジメのなさが、矛盾衝突し、はた目からは勇み足、脱線ともとられがちなのである。

表情やゼスチュアなど、B型の感情表現の大きさも、うなずける。B型の気分屋傾向はA型のような形からの抑圧がなく、感情が、より野放しに近いと解すべきであろうか。

（能見正比古『血液型エッセンス』第5章）

ＡＢ型気質の核心

ＡＢ型は、他の三つの型より、明らかに一味違っている。ＡとＢという対照的な部分の多い気質が、もちろん、一部はとけあって、新しい気質を成立させているのだろうが、なお、もつれあい、からみあい、一人の人格の内部で、対立しあっているということである。

O型気質が、平均的に最も薄く、すなわち自然性から一番遠ざかっている印象は、拭(ぬぐ)えない。これを進化していると見るか、退行していると見るかは哲学の問題となろう。

ただ、O型の場合、言葉による理性は、生きるための手段という感じが強いのに対し、ＡＢ型の場合は、生きていることの意味の大部分といった傾向が強い。ＡＢ

型が合理性に徹するということは、生きることそのものであると言えそうである。

　言葉には、主観的な意志や意向を伝えるものと、概念を造出し、客観的な意味を伝達するものの二種類がある。そのうち後者に当たる客観語は、Ａ型とＢ型の接触の間に、ことに発達させられたと私は見ている。相反する気質がブツかりあったとき、双方が共同連帯するためには、共通のなかだち客観性を持った概念を作って、媒介としなければならない。それでもＡ型の言葉は記録性が強く、Ｂ型のそれは分析性が強い。思考の方向はＡ型が収斂的、Ｂ型は拡散的といえようか。Ａ型とＢ型の会話は、たえず食い違う概念を一致させる努力ともいえる。

　するとＡＢ型は、たえず自分の内部でＡとＢが対話をし論争を続けるということともなろう。これは大変である。想像するだけでくたびれる。しかしＡＢ型の行動に見られる共通点を眺めていると、この〝自分の中の対話〟を思わせることが、しばしばなのである。

　ＡＢ型にすぐれる批評能力、多彩な角度で解釈し得る才能なども、この気質構造の傾向かもしれない。

　ＡＢ型に特色的な面、またＡＢ型自身が生きるために感ずる問題点は、おもに対人性と社会性の中にある。それらの項で、それについては触れるが、気質の核心部分は、血液型独特の合理性と、前章で述べた二面性ということで、ほぼ、尽くされるであろう。

（能見正比古『血液型エッセンス』第５章）

次は、これらの解説をわかりやすいように表形式にしたものとなります。

気質表現方向	O型気質の核心	A型気質の核心	B型気質の核心	AB型気質の核心
生き方の基本	生命自然の方向に最も強く沿って生きる。欲望の発現も直線的。	強い現状脱皮願望も強い安定希求がからむ。常に向上を求めて…。	興味や関心の強く向くままに。仕事や趣味そのものに没頭しがち。	本来生命への執着浅いが生活の安全と社会の中の役割を望むほう。
生活性	現実性とバイタリティ強く、生活力は旺盛積極的。耐乏性もある。	公私の生活を分離し堅実な暮しを望むほうだが一部に極端な破滅型	自由度の多い生活を切望。家庭なども形式にとらわれぬほう。	合理的機能的な生活を欲する。私生活では趣味性を強調するほう。
行動性	目的志向。目的に向い直進。達成力も大。目的不明確だとズッコケぎみ、その差ハッキリ。	骨惜しみせぬ一般性。特に非常の際に行動力大。新しい行動に慎重思いつめて暴発性も。	マイペース。規制や拘束特に嫌う。周囲をそう意に介せず新しい行動にもためらいがない	反射神経早く、ビジネス的な能率の良さ。やや人に引きずられる傾向、私生活では気まま。
思考や判断	利害の判断確か。信念派。明快な言葉で論理も巧みだが、やや直線的。一部、単純さも。	緻密な積み重ね。判断は慎重だが白黒のケジメ明確にする。型にはまり気味で早合点も。	判断は早くて柔軟性。すべてケジメをつけぬほうで科学的正確さや実用的妥当性を重視。	合理的の一語。批評分析に長じ、角度を変えての解釈巧み。評論家性。重要な判断に迷い。
学習性	好奇心大も分野は限定記憶は深く身につく。	一歩一歩納得しなくては先に進まぬ。公式性。	弥次馬的広い好奇心。形式や原則をやや軽視	理解は要領よく早い。まる暗記軽視の弊も。

補足説明：能見正比古氏による気質の解説

感情性	日常は安定型。感情は後に尾をひかぬ淡白さ。感激性。追いつめられると突然メロメロ。	表面は強い抑制型、内心は烈しい。傷ついた神経回復遅く恨み長い笑い好き。根は短気。	感情気分のゆれ多くお天気屋のほう。怒り悲しみの表現大も、心の一部はさめ客観性保つ	冷静クールな安定面と気ままで動揺しやすい面を合せ持つ二重性。感傷的なもろさもある
耐久力	目的あればがんばり特に待つ力は強い。が、無意味な我慢はせずダメと見て早いあきらめ。	継続的な努力や肉体的苦痛に辛抱強い。変化多い状況に弱さ。興味の持続にはあきっぽさ	興味の持続性では最大同じ状態が続いたり縛られるのにはごく弱いセカセカ型が目立つ。	努力の価値を認め、努力家であろうと努力するが、本質的に、根気に欠ける気味がある。
仕事ぶり	目的の有無と立場の差で集中力にムラ多い。縁の下の力持ちは苦手	一つすませて次という一時に一事集中。完全主義で仕上げは徹底。	ながら族の名人だがこり性もスゴい。アイデア豊富、やりっ放し？	何でもソツなくこなす有能型。デザイン器用も、後始末が苦手。
趣味性	現実性の反面強いロマンチックな面。勝負事、収集趣味、記念趣味等。	極端露骨原色を嫌う。趣味は仕事と切離し、ストレス解消の効用に	仕事と趣味のケジメがない。広い趣味性だが仕事熱中では無趣味。	空想的。メルヘンチックな趣味性を持つ。最も広い趣味家タイプ。
自分の過去や未来には	過去には肯定的で挫折感を残さない。思い出を愛する。将来は特に経済的安定に関心。	過去は割りきり、こだわるまいとする。未来には不安点を数えすぎ悲観主義。苦労性。	近い過去にはやや引きずられ未練さも。遠い過去はきれいに消える未来に楽観的で前向き	過去には、時に感傷的も未来と共に、そうこだわらぬ。現在の重要局面に迷いすぎる傾向

（能見正比古『血液型エッセンス』72―73頁）

縄田健悟氏の論文の疑問点

現在、血液型と性格に関係がないという最も有力な根拠とされているのは、2014年に発表されたこの心理学論文でしょう。

縄田 健悟（京都文教大学）

「血液型と性格の無関連性——日本と米国の大規模社会調査を用いた実証的論拠——」

『心理学研究』 2014年

「無関連」なことがわかったという驚きの結果は、2014年7月19日に読売新聞のホームページでも紹介されました。

血液型と性格「関連なし」……日米1万人超を調査

読売新聞ONLINE 2014年7月19日 20時59分

血液型と性格の関連性に科学的根拠はないとする統計学的な解析結果を、九州大の縄田健悟講師（社会心理学）が発表した。

> （中略）
> 縄田講師は、経済学分野の研究チームが、２００４～０５年に日米の1万人以上を対象に、生活上の様々な好き嫌いなどを尋ねた意識調査に、回答者の血液型が記載されていることに注目。血液型によって回答に違いがあるかどうかを解析した。
> （中略）
> **計68項目の質問に対する回答のうち、血液型によって差があったのは「子供の将来が気にかかる」などの3項目だけで、その差もごくわずかだった。このため「無関連であることを強く示した」と結論づけた。**

論文の結論はこの記事にあるとおりです。

不思議なことに、この「無関連」という結論に意見が続出して、血液型の議論が白熱した、という話は聞きません。そのせいなのかもしれませんが、私のような「素人」までがテレビ局や週刊誌から取材を受けることになりました。

この中では、特に週刊誌「女性セブン」の２０１４年の記事『「血液型と性格に関係なし」に7万人調べた血液型研究家反論』に、ネット上で意外なほど大きな反応がありました。

なお、縄田氏の論文には次のような問題点があり、「無関連」という結論は疑ってかかる必要があると思っています。

問題点1　論文中に、この研究で分析した質問項目は「心理学で扱われているような性格の測定を目的として測定されたものではなかった」とわざわざ断り書きがあります。つまり、**血液型で差がなかったのは「性格」ではありません。**

問題点2　論文中に、「**血液型間の有意差が見られた**国内研究としては、山岡（1999、2006）［サンプル2662人］やSakamoto & Yamazaki（2004）［サンプル3万23447人］が挙げられる。（中略）つまり、血液型性格判断を信じることが自身の性格（少なくともその認知）を変化させるといえる」とあります。特に後者については、サンプルがこの研究の3倍の3万人もあるため、血液型と性格の関連性を無視するのは奇妙です。

問題点3　英語版での質問項目22［Q22: If you make a critical decision, take risks or avoid］は統計的に有意（危険率0・7％）なので、「**差があったのは3項目でごくわずか」は誤りです。**

データの差が〝思い込み〟でない理由

第七章で説明したように、血液型によってデータに差があるという論文や研究報告は、意外なほど多く存在しています。

しかし、これらの論文の結論では、血液型と性格の関係が確認できたデータがあったとしても、本当に関係があるとは認めていません。その理由は、一見すると差があるように見えるのは、〝思い込み〟による錯覚のせいだから、ということのようです。

しかし、この考え方は、２７０頁にある縄田氏の「データに差がない」という説明とは矛盾します。なぜなら、たとえ**血液型のデータに差があったとしても、それは単に表面的なことだけで、本当は関係がない**ということになるからです。データに差があっても血液型と性格は関係ない、逆に差がなくとも関係がないというのは、後出しジャンケンのようなものです。おかしくありませんか？

では、実際に〝思い込み〟は存在するのでしょうか？　不思議なことに、〝思い込み〟の存在を直接的に証明した心理学の研究は見当たりません。そこで、２０１４年の処女作『統計でわかる血液型人間学入門』では、本当に〝思い込み〟が存在するかどうかを確認するやり方について考えてみました。その方法と結論を簡単に紹介しておきます。

図A　“思い込み”が存在する場合の傾向

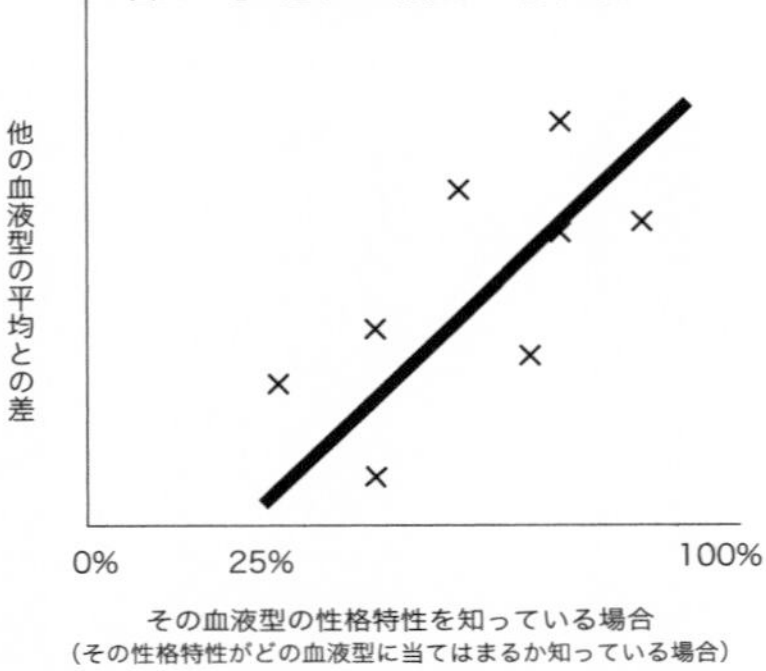

他の血液型の平均との差

0%　25%　100%

その血液型の性格特性を知っている場合
（その性格特性がどの血液型に当てはまるか知っている場合）

図B　“思い込み”が存在しない場合の傾向

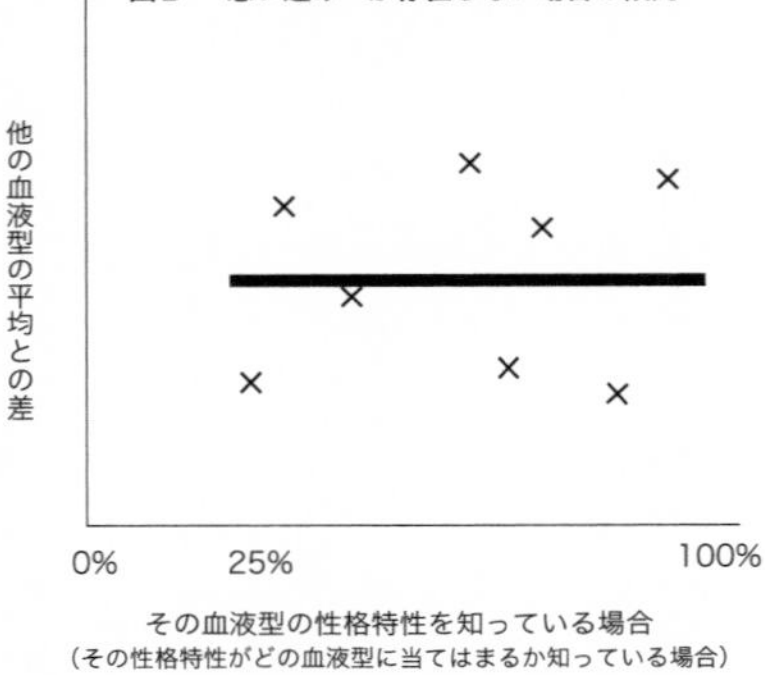

他の血液型の平均との差

0%　25%　100%

その血液型の性格特性を知っている場合
（その性格特性がどの血液型に当てはまるか知っている場合）

図C　実際のデータ → “思い込み”は存在しない！

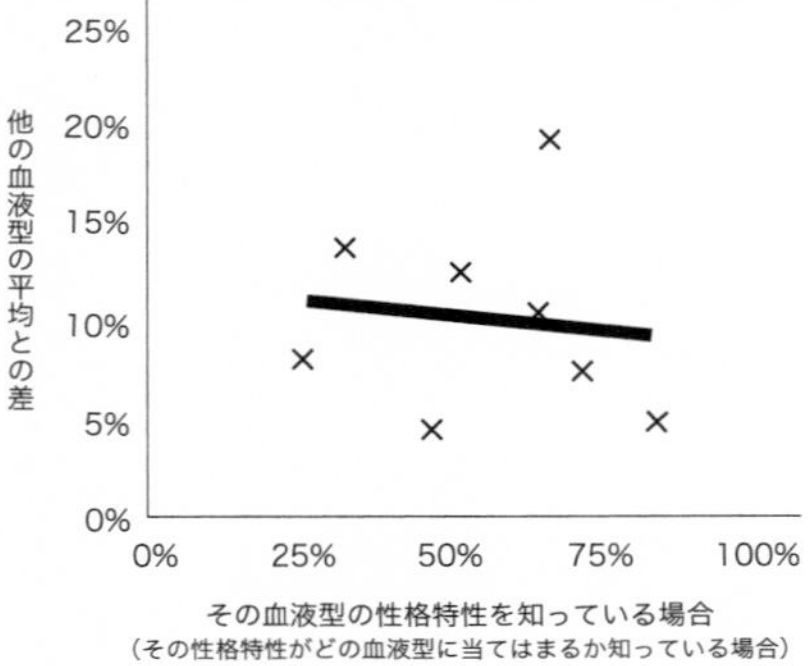

他の血液型の平均との差

25%　20%　15%　10%　5%　0%

0%　25%　50%　75%　100%

その血液型の性格特性を知っている場合
（その性格特性がどの血液型に当てはまるか知っている場合）

【注】血液型は4つしかないので、その血液型の性格特性を知っている割合＝その性格特性がどの血液型に当てはまるか知っている割合、がまぐれ当たりである¼の25%以下では無意味になります。

【データの出典】

（渡邊席子「血液型ステレオタイプ形成におけるプロトタイプとイグゼンプラの役割」『社会心理学研究』1994年
山岡重行『ダメな大人にならないための心理学』第2夜 血液型性格診断に見るダメな大人の思考法 2001年）

もし**〝思い込み〟が存在するとするなら、その血液型の性格特性を知っていればいるほど、自分に当てはまっていると回答するはずです**（×が実際のデータ、直線は傾向）。

つまり、「その血液型の性格特性を知っている割合」をX軸（横）、「他の血液型の平均との差」をY軸（縦）としてグラフを描くと、**グラフは図Aのような単純な右上がりの直線**（正の相関）となります。

逆に、〝思い込み〟が存在しないとするなら、その血液型の性格特性を知っている割合と、他の血液型の平均との差とは関係がないはずです。つまり、〝思い込み〟が存在する場合のように右上がりの直線ではなく、**X軸と平行な直線になるので、図Bのような傾向を示す**（無相関）ことになります。

現実のデータの傾向は図Cに示したとおりで、図Bの〝**思い込み**〟**が存在しないという仮説を強く支持するものでした。そして〝思い込み〟がないとするなら、血液型による差は「本当の差」だから、血液型と性格は関係がある、**ということになります。これが、統計データを素直に分析した結果なのです。

なお、このことは、序章の４千人のアンケートではデータで直接的に確認しています。

血液型性格特性と他の血液型の平均との差

血液型性格特性	血液型	本人の血液型の正答率（※1）	加重平均での差（※2）
目的のためとあらば、最大限の勇気と根性を発揮する	O	25.9%	**0.329** （ 8.2%）
協調性がある	A	47.4%	**0.178** （ 4.4%）
思慮深く、物事に対して慎重な態度をとる	A	84.2%	**0.199** （ 5.0%）
マイペース型で、周囲の影響は受けにくい	B	64.0%	**0.408** （10.2%）
楽観的である	B	52.0%	**0.486** （12.2%）
慎重さに欠けている	B	72.0%	**0.300** （ 7.5%）
妙にメルヘンチックな面がある	AB	33.3%	**0.543** （13.6%）
気分にムラがあって、ともすると二重人格のように見えることがある	AB	66.7%	**0.769** （19.2%）

※1　渡邊（1994）A型38人、B型25人、O型27人、AB型12人の計102人
※2　山岡（2001）649人 その性格特性が自分に当てはまっているかどうかを「1」（最小）～「5」（最大）の5点法で評価

【採用した質問項目】

山岡重行氏の論文で、血液型と性格の知識がある649人のうち、統計的に有意な差があったのは全28の項目中15項目です。このうち、本来の血液型と「正しく」一致したのは、15項目中、上の8項目のみとなります。

本来の血液型とは違う
「間違った」血液型性格特性に〝思い込ん〟でいるもの

血液型性格特性	本来の血液型	最高値を示した血液型
ものの言い方や表現法はもちろん、欲望の表し方もストレートである	O（3.401）	**B（3.449）**
個人主義的で、ともすれば自己中心的になってしまう	O（3.040）	**B（3.374）**
内向的で、問題を自分の中だけで解決する	A（3.347）	**AB（3.383）**
すぐに動揺してしまうことがある	B（3.578）	**A（3.793）**
行動派であり、好奇心旺盛である	B（3.524）	**O（3.684）**
親密な人間関係を避けたがる傾向がある	AB（2.100）	**B（2.306）**
飽きっぽい	AB（3.317）	**B（3.769）**

※　山岡（2001）649人 その性格特性が自分に当てはまっているかどうかを「1」（最小）～「5」（最大）の5点法で評価

【参考情報】

残りの7項目は上の通りで、「誤った」血液型への〝思い込み〟になります。もちろん、誤った血液型に〝思い込み〟はありえません。この点から見ても、血液型による性格の差は「本当の差」と解釈することが妥当と考えられます。

ハロー効果は影響するのか

別なデータを使って検証しても、〝思い込み〟があることが確認できないという結果は同じでした。やり方はいままでと同じで、×型の特徴だと回答した割合と、実際に出た血液型による回答の差を比較してみたものです。

もし、血液型の差が〝思い込み〟によるものだとすると、×型の特徴だと回答した割合と、回答率の差はほぼ比例するはずです。しかし、現実はそうではありません。ここでは、A型とB型の差について分析した結果を示します。

【A型の特徴だと回答した割合】

山崎賢治・坂元章「血液型ステレオタイプによる自己成就現象—全国調査の時系列分析—」『日本社会心理学会第32回大会発表論文集』1991年

※美術大生の調査　回答者82人

【血液型による回答率の差：A型 vs B型】

松井豊「血液型による性格の相違に関する統計的検討」『東京都立立川短期大学紀要』

補足説明：ハロー効果は影響するのか

A型 vs B型

単位：%

*はp<0.05, **はp<0.01, ***はp<0.001で有意

質問No.	A型の特徴だと回答した割合	回答率の差	
15	87.8	4.3	15. 何かをする時は準備して慎重にやる**
6	86.6	3.6	6. ものごとにけじめをつける*
2	85.4	2.7	2. 目標を決めて努力する
21	83.0	-0.1	21. 引っ込み思案
5	81.2	0.1	5. 気晴らしの仕方を知らない
23	79.3	1.6	23. 話をするよりだまって考え込む
19	78.0	1.5	19. しんぼう強い
11	77.8	1.7	11. くよくよ心配する
24	73.2	0.1	24. 人を訪問するのにてぶらではかっこうが悪い
22	72.0	4.1	22. がまん強いが時には爆発する**
13	67.1	0.7	13. 人づきあいが苦手
8	56.1	0.2	8. 言い出したら後へ引かない
16	54.9	0.7	16. よくほろりとする
12	51.2	-1.4	12. 空想にふける
3	47.6	0.9	3. 先頭に立つのが好き
10	36.6	-0.1	10. 友達は多い
20	35.4	1.7	20. うれしくなるとついはしゃいでしまう
18	29.3	-1.1	18. あきらめがよい
14	29.3	0.2	14. 家にお客を呼びパーティするのが好き
1	28.4	0.9	1. 誰とでも気軽につきあう
7	20.7	-0.7	7. 冗談を言いよく人を笑わす
9	19.5	-2.5	9. 人に言われたことを長く気にかけない
17	18.3	-2.9	17. 気がかわりやすい**
4	12.2	-6.3	4. 物事にこだわらない***

A型の特徴だと回答した割合と回答率の差　（単位：%）

差

A型の特徴だと回答した割合

1991年

※4年分のデータの平均を算出した　回答者のべ1万1766人

結果は前頁のグラフのとおりです。

A型の特徴だと回答した割合と、実際に出た血液型による回答の差は、一部の「有名な特徴」（グラフの線で囲んだ部分）以外は統計的に有意ではないようです。

実は、このことは、昔から心理学者に指摘されていました。

各血液型の特徴で、普通の人が覚えているのはせいぜい数個に限られ、普通は「コア」となる2～3個しかありません。他の特性は、これらの中心となる特徴と関連付けて覚えているようです。たとえば、松井豊氏と上瀬由美子氏は、こう述べています。[★1]

佐藤・渡邊[★2]は、血液型ステレオタイプの内容は、もはや能見や古川のものとは離れ、それぞれの血液型について核になる特性が存在し、それを中心に全体の内容が形成されていると指摘している。ただし、彼らの指摘は回答者の自由記述を分類する形の分析結果に基づいているため、数量的・客観的検討が不充分と考えられる。

別な論文にもこうあります。

血液型のイメージ

回答／血液型	A 型	B 型	O 型	AB 型	合計
几帳面	111	0	0	0	111
神経質	111	1	1	3	80
真面目	54	0	0	3	57
明るい	4	38	16	1	59
マイペース	0	33	8	1	42
個性的	0	23	2	6	31
いい加減	0	17	0	0	17
わがまま	0	12	2	1	15
自己中心的	1	11	3	0	15
楽天的	0	10	8	0	18
面白い	0	10	2	1	13
おおらか	0	1	90	0	91
大ざっぱ	0	4	25	0	29
おっとり	0	1	16	0	17
二重人格	0	0	1	77	78
二面性がある	0	18	2	64	84
変わり者	0	1	0	13	14
よく分からない	0	0	0	12	12

被験者の回答から頻度が高かったもの（10 以上）を抜き出して作成した

★ 2 佐藤達哉・渡邊芳之（1992）

個人が持っている信念の内容のうち、通説と一致しているのは約4～5割であり、残りの5～6割は通説とは異なった内容で構成されていることが示されている。

個人が持っている信念の内容のうち6割強は一致していないことがわかった。★3

これはどうかというと、基本的に〝思い込み〟は存在しないということです。

その特性がある血液型にあてはまると判断されても、差が出ないケースが少なくありません。

繰り返しになりますが、〝思い込み〟があるとするなら、「その特徴がある血液型にあてはまると回答する割合」と「実際に出た回答の差」は比例するはずですが、現実にはそうなっていないのです。

たとえば、A型だと、「何かをする時には準備をして慎重にやる」では差が出ても、「どちらかというと引っ込み思案だ」には差が出ていません。後者は、前者の特性から連想して覚えているということになります。

やはり、血液型は奥が深いようですね。

なお、これらの「コア」となる特性は、比較的簡単に覚えられるもの（神経質、マイペース、おおらか、二重人格 など）に限定されるようです。

★1　松井豊・上瀬由美子「血液型ステレオタイプの構造と機能」『聖心女子大学論叢』1994年

★2　佐藤達哉・渡邊芳之「現代の血液型性格判断ブームとその心理学的研究」『心理学評論』1992年

★3　渡邊席子「血液型ステレオタイプ形成におけるプロトタイプとイグゼンプラの役割」『社会心理学研究』1994年

調査には数百人のサンプルが必要

サンプル人数の設定は、精度の高い調査にとって最重要なポイントです。対象がたった10人のアンケートの結果なんて、全然あてになりません。ただ、大量のデータを集めるのは本当に大変です。現実に何人ぐらいならいいのでしょうか。

テレビ番組の視聴率は、皆さんおなじみの数字ですよね。関東地区の調査なら、900世帯に専用の機器の設置をお願いして調べています。これでわかるように、**誤差の少ない調査をするためには、少なくとも数百人のサンプルが必要**となります。それより少ない人数では、統計的な誤差が10%を超える場合もあるのです。

血液型の差は10%程度が多いのです。あまりにもサンプルが少ないと、出ているはずの差が、それを上回る誤差の中で埋もれてしまうかもしれません。

なお、第六章にあるように、男女差や年齢を無視して比較する場合には、何千人もの膨大なサンプルが必要になるので、さらに注意が必要です。

土嶺章子氏の論文が画期的な理由

2015年には、女性研究者である土嶺章子氏の血液型と性格についての論文[★1]が話題になりました。ネットでも相当大きなニュースになったので、覚えている人も多いかもしれません。不思議なことに、この論文は国内の学術誌ではなく、「PLOS ONE」という、海外のオンライン学術誌に英語で発表されました。これは推測ですが、日本で発表するとリジェクトされる可能性が大きい、と考えたのかもしれませんね。

土嶺氏のこの論文が画期的なのは、血液型を自己申告させずに、DNAを分析して判別したことです。これで、記憶違いなどのミスが減り、血液型のデータの信頼性が大きく高まりました。また、性格を分析するために、TCI[★2]という「気質」も調査できる性格検査を採用しました。分析結果と元データは、オンラインでも公開されています。最近の学術研究は、デジタル化が進んでいるだけではなく、国際化も進んでいるようです。

では、この論文の結論を簡単に紹介しておきましょう。それは、①TCIの7つの性格因子の中で、統計的に意味がある差（有意差）が出たのは、「持続（Ｐ）」という因子のみ②危険率は２％で有意③血液型の影響度を示す数値であるη^2は１％と比較的小さい、です。

ここでは、公開されている元データをベースに再分析の結果を書いておきます。まず、有意差がある「持続（Persistence）」のスコアとなります。持続というのは、実際の質問項目から読み取ってみると、「忍耐強い」ということのようです。それなら、Ａ型が一番で、最下位はＢ型となるでしょう。たとえば、能見正比古氏の『血液型エッセンス』には、「耐久性」についてこうあります。

【Ｏ型】目的あればがんばり、特に待つ力は強い。が、無意味な我慢はせずダメとみて早いあきらめ。

【Ａ型】**継続的な努力や肉体的苦痛に辛抱強い**。変化多い状況に弱さ。興味の持続にはあきっぽさ。

【Ｂ型】興味の持続性では最大。**同じ状況が続いたり縛られるのにはごく弱い**。セカセカ型が目立つ。

【ＡＢ型】努力の価値を認め、努力家であろうと努力するが、本質的に、根気に欠ける気味がある。

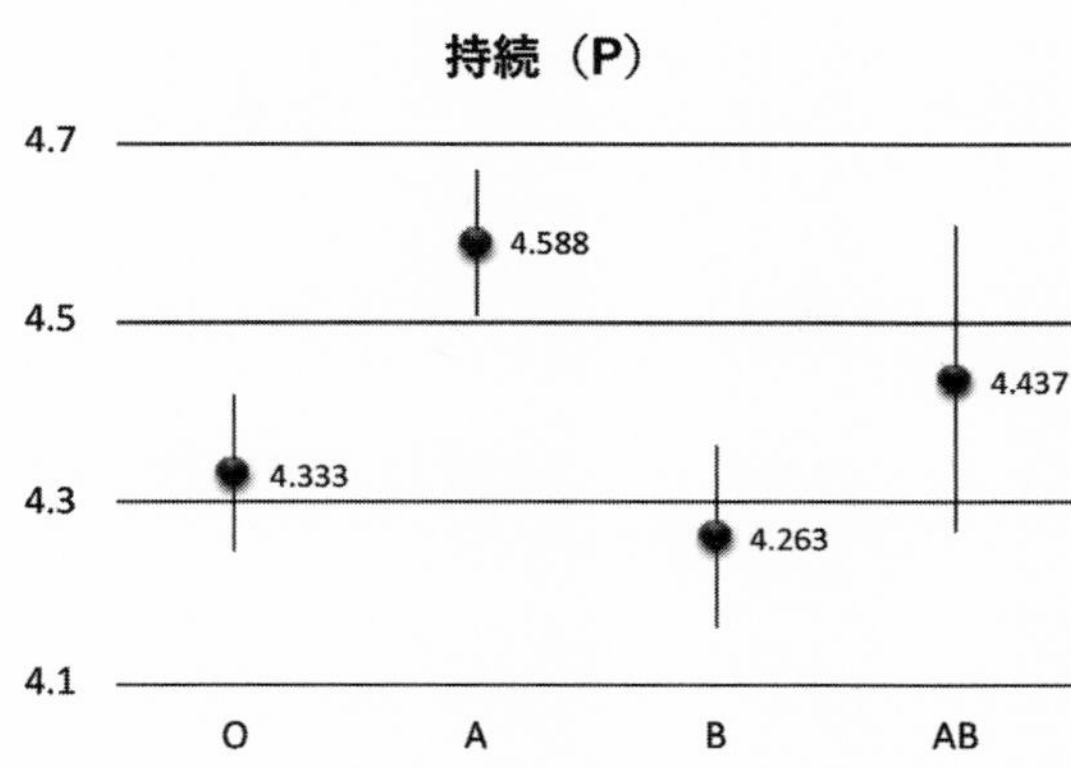

点は実際の数値、上下に伸びる線は推定誤差の範囲。

実際にも、「持続性（Persistence）」の値は、Ａ型が最も高く、Ｂ型が最も低くなっています。

★1　Shoko Tsuchimine, Junji Saruwatari, Ayako Kaneda, Norio Yasui-Furukori, ABO Blood Type and Personality Traits in Healthy Japanese Subjects, PLOS ONE, 2015.

★2　米ワシントン大学のCloningerによって開発された質問紙法による性格検査。２４０項目の質問からなる。「TCI」は、Temperament and Character Inventory＝気質性格検査の頭文字を取ったもの。気質（Temperament）の４因子、性格（Character）の３因子から性格を構成する。「持続性（Ｐ）」以外は下位尺度もある。

バーナム効果について

血液型による性格が当たるように感じられるのは、「バーナム効果」のせいだと言っている人をよく見かけますが、この見解は基本的に間違っています。

バーナム効果というのは、**誰でも当てはまるような曖昧な特徴**が、自分にも当てはまると思い込むことです。たとえば、B型の特徴は「マイペース」が通り相場ということになっています。そこで、B型の人に、この「マイペース」は誰にでも当てはまる曖昧な性格だ、といったら笑い出してしまうでしょう。なぜなら、必ずしも他の血液型の人にそのまま当てはまるわけではないからです。また、何の変哲もない「誰にでも当てはまる」はずの性格特性を〝思い込む〟のは常識的に考えてもおかしいのです。

参考までに、各血液型の典型的なイメージを示しておきます。

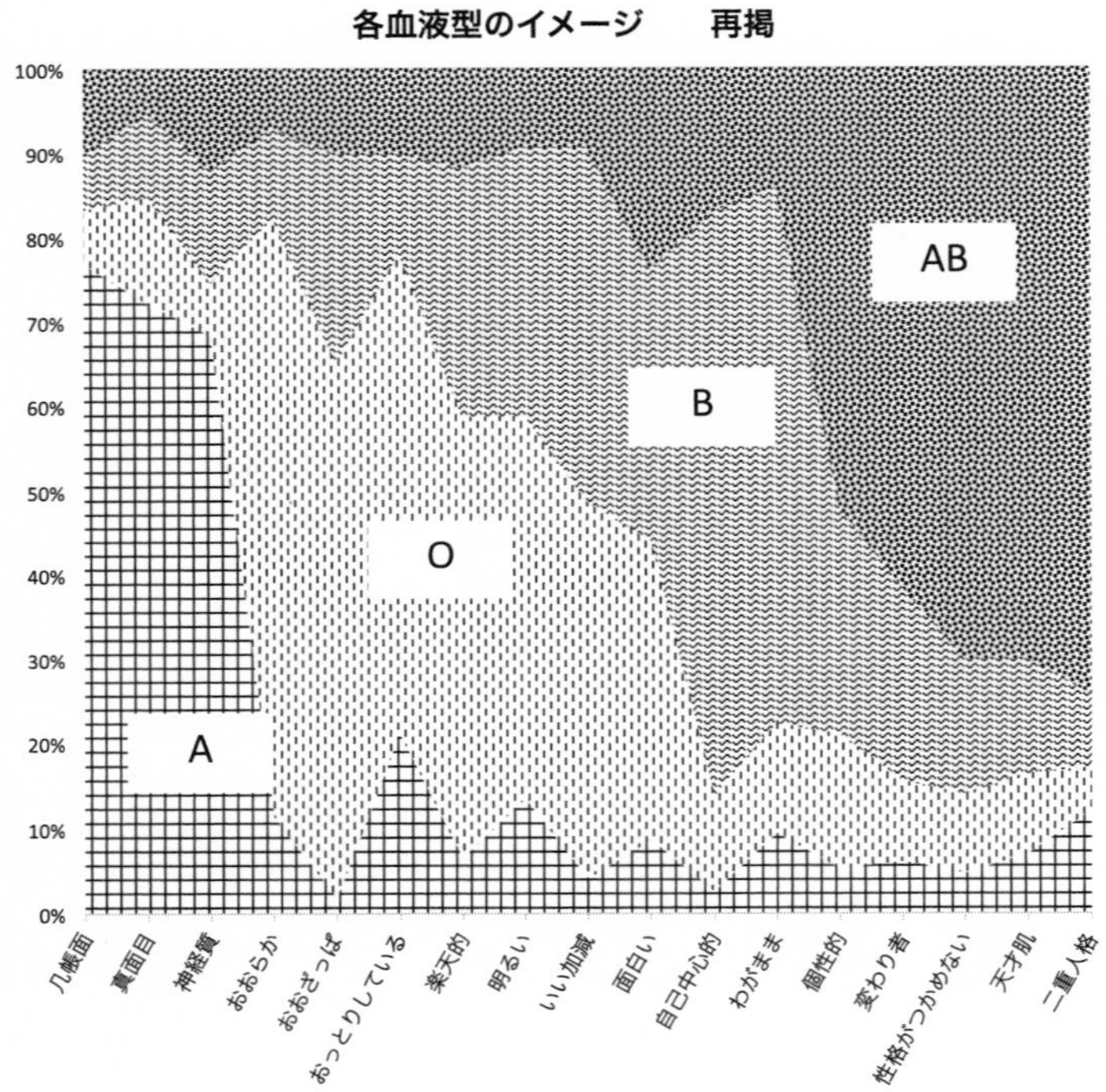

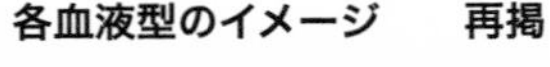

※各血液型のイメージを、合計が 100% になるように調整した。
(情報学部広報学科３年松崎宏美「性格と恋愛にみる血液型効果」
『文教大学情報学部社会調査ゼミナール研究報告』2008 年)

Ｏ型　　おおらか、おおざっぱ、おっとりしている、楽天的
Ａ型　　几帳面、真面目、神経質
Ｂ型　　自己中心的（マイペース）、わがまま、面白い
ＡＢ型　二重人格、天才肌、性格がつかめない

ＢＰＯ裁判の判決

２００４年12月に、放送倫理・番組向上機構（ＢＰＯ）の放送と青少年に関する委員会から、血液型と性格は「非科学的」で「差別的」だからテレビで放送すべきではないという内容の『「血液型を扱う番組」に対する要望』が出されました。

ただ、現在では、この**『「血液型を扱う番組」に対する要望』は実質的に撤回されています。**

ＢＰＯにはそもそも「血液型と性格は関係がない」かどうかを科学的に判断する権限はありません。要望を出した当時の「放送と青少年に関する委員会」の委員７人中３人は、（血液型と性格に否定的な）心理学者で占められています。にもかかわらず、相当無理をしてこの「要望」を出したということは、メンバーの心理学者の３人には非常な危機感があった、という裏付けにもなるでしょう。

また、「差別的」というのもおかしいのです。差別ということで番組の放送を禁止できるなら、極論すれば何でも可能となってしまいます。例えば、「美人コンテスト」は

〝女性差別〟だから放送禁止、あるいは「クイズ番組」は〝知的能力に対する差別〟だから……という調子です。

当然というべきでしょうが、2011年に岡野誠氏がBPOを相手取って裁判を起こしました。二審判決でも原告敗訴になったとはいえ、この「要望」は実質的に取り下げられてしまいました。次の二審の判決文を読んでみてください。

> 本件要望が、（中略）血液型と人間の性格、行動パターン、病気等との関係を学術的に研究する学問自体の存在自体を否定したり、これについても占いの類と同列であるとして否定的な評価をしたりするものではないし、**学術的に裏付けられた内容で、しかも、青少年にも配慮して番組を制作することを否定する趣旨を含むものとは解されない。**

つまり、裁判は実質的に〝原告勝訴〟と言ってもいいでしょう。

ただ、この「要望」の実質的な効果はまだ残っているようです。現在、一昔前のような科学的なテレビ番組が放映されていないのは、非常に残念なことです。

補足説明：ＢＰＯ裁判の判決

【要望の抜粋】

2004年12月8日

「血液型を扱う番組」に対する要望

放送倫理・番組向上機構［ＢＰＯ］
放送と青少年に関する委員会

「血液型を扱う番組」が相次ぎ放送されている。それらの番組はいずれも、血液型と本人の性格や病気などとの関係があたかも実証済みであるかのごとく取り上げている。放送と青少年に関する委員会（以下、青少年委員会）にも、この種の番組に対する批判的意見および番組がもたらす深刻な状況が多数寄せられている。

それらの意見に共通するのは、「血液型と性格は本来、関係がないにもかかわらず、番組の中であたかもこの関係に科学的根拠があるかのように装うのはおかしい」というものである。意見の中には、「これまで娯楽番組として見過ごしてきたが、最近の血液型番組はますますエスカレートしており、学校や就職で血液型による差別意識が生じている」と指摘するものもあった。

放送局が血液型をテーマとした番組を作る背景には、血液型に対する一種の固定観念とでもいうべき考え方や見方が広く流布していることがあげられる。

しかし、血液型をめぐるこれらの「考え方や見方」を支える根拠は証明されておらず、本人の意思ではどうしようもない血液型で人を分類、価値づけするような考え方は社会的差別に通じる危険がある。血液型判断に対し、大人は〝遊び〟と一笑に付すこともできるが、判断能力に長けていない子どもたちの間では必ずしもそういうわけにはいかない。こうした番組に接した子どもたちが、血液型は性格を規定するという固定観念を持ってしまうおそれがある。

また、番組内で血液型実験と称して、児童が被験者として駆り出されるケースが多く、この種の〝実験〟には人道的に問題があると考えざるを得ない。

実験内で、子どもたちは、ある血液型の保有者の一人として出演、顔もはっきり映し出され、見せ物にされるような作り方になっている。中には子どもたちをだますような実験も含まれており、社会的にみて好ましいとは考えられない。

青少年委員会では、本年6月以降、番組内での〝非科学的事柄の扱い〟全般について検討してきたが、ことに夏以降、血液型による性格分類などを扱った番組に対する視聴者意見が多く寄せられるようになった。そこで委員会では集中的に「血液型を扱う番組」を取り上げ、いくつかの番組については放送局の見解を求め、公表してきた。その過程で、放送局は「○○と言われています」「個人差があります」「血液型ですべてが決まるわけではありません」「血液型による偏見や相性の決めつけはやめましょう」など、注意を喚起するテロップを流すようになった。しかし、これは弁解の域を出ず、血液型が個々人の特徴を規定するメッセージとして理解されやすい実態は否定できない。

民放連は、放送基準の「第8章 表現上の配慮」54条で、次のように定めている。

〔54条〕

占い、運勢判断およびこれに類するものは、断定したり、無理に信じさせたりするような取り扱いはしない。

〔解説〕

現代人の良識から見て非科学的な迷信や、これに類する人相、手相、骨相、印相、家相、墓相、風水、運命・運勢鑑定、霊感、霊能等を取り上げる場合は、これを肯定的に取り扱わない。

これらを踏まえ、青少年委員会としては、「血液型を扱う番組」の現状は、この放送基準に抵触するおそれがあると判断する。

青少年委員会は、放送各局に対し、自局の番組基準を遵守し、血液型によって人間の性格が規定されるという見方を助長することのないよう要望する。

同時に、放送各局は、視聴者から寄せられた意見に真摯に対応し、占い番組や霊感・霊能番組などの非科学的内容の取り扱いについて、青少年への配慮を一段と強められるよう要請したい。

厚労省が「非科学的」という見解を撤回

血液型人間学研究家の岡野誠氏によると、厚生労働省は2018年2月8日付で、採用選考のガイドラインを示した「公正な採用選考をめざして（2018年度版）」から、『「血液型や生年月日による星座」による性格判断は非科学的なもの』という見解を撤回したとのことです。

現物を確認してみたところ、確かに「非科学的」という記述が削除されていたので驚きました。

2017年度版問題事例7
「血液型や生年月日による星座」による性格判断は非科学的なもの
2018年度版問題事例8
「血液型や生年月日による星座」は**本人に責任のない生まれ持った事項**

これで、**厚生労働省は公式に「血液型と性格は非科学的」という見解を撤回した**ことになります。

岡野氏の話では、厚労省の担当者は、血液型と性格に関連性があるかという「学問上の争いの事に国が非科学的と称し、介入したことはまずかった旨を認めた」そうです。氏はこういう話も聞いたそうです。彼の著書『血液型人間学』は科学的に実証されている」を担当者に読んでもらったところ、この担当者は、「統計学のことは、よくわからないが、この本を読んだら［血液型と性格の関連性が非科学的かどうか］わからなくなってしまった」とも言っていた、と。

厚生労働省は、科学的には「血液型と性格の関連性」を判断できないし、してはいけないはずです。いままでの態度が非常識だったのではないでしょうか。

いうまでもなく、医学や生理学の知見は日進月歩です。〇〇が非科学的といった常識は、明日は変わるかもしれません。我々はそういう実例を数多く目撃しています。統計学もわからないような人が、頭ごなしに「非科学的」などというような言葉を使わないでほしいと思います。

その後、岡野氏の再度の努力により、２０１９年度版では「**正当な評価を受けられない」が削除され**、次のように変更されました。

２０１８年度版 問題事例７

「血液型や生年月日による星座」は本人に責任のない生まれ持った事項であり、それを把握し「特定の個人」の適性・能力を固定して見ることになれば、**正当な評価を受けられない**ことになるほか、これらについて把握することを心理的負担と感じる応募者を生む恐れがあります。

２０１９年度版 問題事例７

「血液型や生年月日による星座」は本人に責任のない生まれ持った事項であり、それを把握し「特定の個人」の適性・能力を固定して見ることになれば、これらについて把握することを心理的負担と感じる応募者を生む恐れがあります。

また、２０１８年版では、ページ右下の女性のイラストが目立っていて、「家族の職業」「帰省先」「血液型」「星座」はダメ、とアピールしています。２０１９年度版はこれも削除されました。いずれも２０２１年度版まで復活はしていません。

専門家の言説は時代で変わる

専門家の言説は時代で変わる

ここでは、「血液型と性格」についての専門家の言説について取り上げます。わかりやすくするために、代表的な否定論者の一人である菊池聡氏の主張を時系列順に見ていくことにします。

1　2001年以前の例

2000年以前は、「統計データ」で差がないから、血液型と性格は関連しないという見方が主流でした。

血液型学に限らず、おおよそすべての性格理論は統計的なものであって、集団全体の傾向としてしかとらえられない。たとえば筋肉を使った運動能力は女性よりも男性の方が優れていることに誰も異論はないと思うが、それでも特定の男性を取り

上げれば、平均的な女性より力が弱い人はざらにいるだろう。必要なのは個々の事例ではなく、統計的な事実なのである。

いずれにせよ、血液型性格判断はなぜ虚偽なのか、これは提唱者が言うような性格の差が、現実に信頼できる統計データとして見あたらないという点につきる。

（菊池聡「不可思議現象心理学9　血液型信仰のナゾ―後編」月刊『百科』1998年3月号）

2　2005年以降

2005年以降になると、「統計データ」で性格の差が発見されたという論文が日本でも続々と発表されるようになりました。すると、差の有無は問題ではなく、血液型で性格を判断できるような〝大きな差〟が必要であるという意見が主流となります。

これまでも、多くの心理学者が、比較的きちんとした性格テスト手法に基づいて、血液型によって人や適性や行動に、血液型性格論者が言うような診断力のある差異が見いだせるかどうかを研究しています。しかし、そこには、信頼性と再現性がある差異は見つかっていません。いわば、血液型で人を見分けることができると

いうのは、ただの「錯覚」だということなのです。（86頁）

（菊池聡『「自分だまし」の心理学』２００８年、86頁）

３　２０１０年以降

その後に、何千人、何万人という大規模な「統計データ」でも性格の差が出ていることが明らかになりました。その後は、多くの専門家が統計データの話題を避けるようになります。理由は〝回答拒否〟のため確認できませんが、おそらく意図的に避けているのだろうと推測されます。

ＡＢＯ式血液型を手がかりに、人の性格や相性、職業適性などを幅広く見分けられる―この主張を広めたジャーナリストの能見正比古は、自説を「血液型人間学」と称した。（中略）これこそが現代の日本に最も浸透した疑似科学のひとつであることは間違いない。

（菊池聡『なぜ疑似科学を信じるのか』２０１２年）

※１３５―１６０頁にある長文の「第６章 血液型性格学という疑似科学」には、具体的

に統計データを示した反論は一切なく、その後に菊池氏が講師を務めた放送大学「錯覚の科学」（２０２０年）でも全く示されていない。

なお、菊池聡氏の言う「信頼できる統計データ」は、たとえば武藤・長島氏らによる科研費成果報告書などに公表されています。（☞３０５頁）

血液型と性格に関する解析では、過去の研究結果を拡張することができたとともに、21世紀以降のデータでは、**安定して血液型ごとに性格の自己申告について有意な差が出ることが判明した。**

（武藤浩二、長島雅裕ほか「教員養成課程における科学リテラシー構築に向けた疑似科学の実証的批判的研究　２０１１年度」『科研費研究成果報告書』２０１２年）

川本・小塩氏らの年齢差と性差の研究

年齢と性別は性格に大きく影響するという状況は、血液型だけでなく、心理学の「ビックファイブ（5因子）」性格検査でもほぼ同じです。スコアは年齢や性別に関係していますが、その影響は謎めいています。次の図に示すように、「開放性［openness］」の二つの項目は、年齢と男女で別々の影響があることを示しています（この検査では、5つの性格因子におのおの2つの質問項目があります）。

このことは、214頁で説明したように、**一つひとつの質問を5つの性格因子に集約すると、出ていた差が相殺されて小さくなるか、ほとんど消滅する**現象が決して珍しくないことを示しています。スペースの関係で紹介していませんが、他の性格因子でも同じような傾向が見られます。やはり、心理学の性格テストでは血液型の差は解析しにくいようです。これは、前述の「性格感度」のせいもあると思います。

なお、この論文のサンプル数は、男性21112人、女性24476人の計45588人で、この種の分析には十分と言えます。

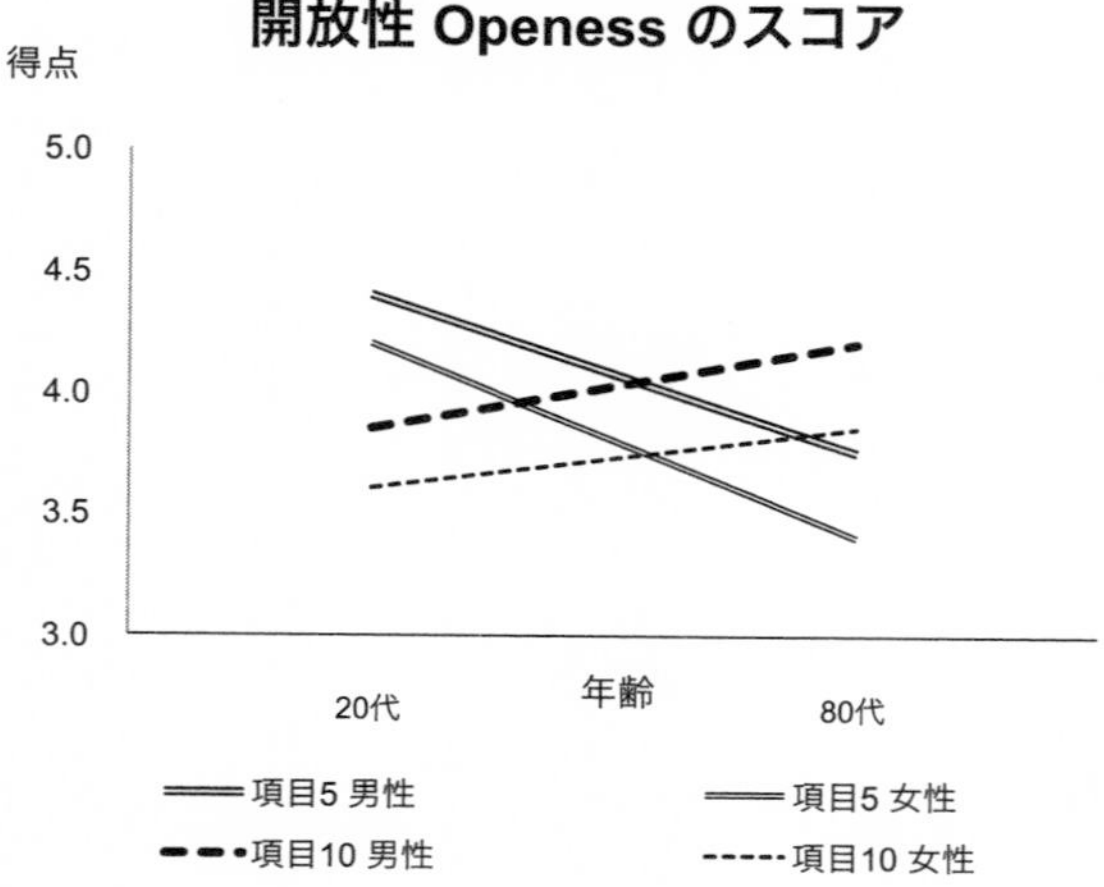

項目　5：新しいことが好きで、変わった考えを持つと思う
項目 10：発想力に欠けた、平凡な人間だと思う

いずれも 1（全く違うと思う）～ 7（強くそう思う）で回答

【注】
1. 項目 10 は反転項目であるため、これらのスコアは調整後のもの
2. 項目 5 と項目 10 の相関係数（r）は 0.29（中程度）

【出典】
川本哲也・小塩真司・阿部晋吾・坪田祐基・平島太郎・伊藤大幸・谷伊織
「ビッグ・ファイブ・パーソナリティ特性の年齢差と性差―大規模横断調査による検討―」『発達心理学研究』2015 年

武藤・長島氏らの科研費報告書

武藤浩二・長島雅裕氏らは、血液型と性格の関連性を調べるため、山崎・坂元氏が採用したJNNデータバンクのデータと解析方法[★1]を最新のデータで追試することにしました。調査時点で利用可能なJNNデータバンクの「すべてのデータ」を解析したところ、結果は山崎・坂元氏と同じく、自己報告の性格に明らかな差が見られました。

血液型と性格に関する解析では、過去の［山崎・坂元氏が20世紀に行い、血液型に性格の差があるという結果の］研究結果を拡張することができたとともに、21世紀以降のデータでは、安定して**血液型ごとに性格の自己申告について有意（意味のある）な差が出る**ことが判明した。[★2]

もっとも、差の大きさはかなり小さく、日常生活で「使える」ほどの大きな違いにはなっていない、と断っています（これも山崎・坂元氏と同じ）。

さて、この武藤氏らの研究では、調査年と対象者数は、ＪＮＮデータバンクの「すべてのデータ」を対象にしています。当然のことですが、先行研究の山崎氏らの11年や３万２３４７人よりは大幅に増えたはずです。ところが、極めて不可解なことに、彼らの研究成果報告書には、**調査年と対象者数が何も書いていないのです！** それだけではなく、「血液型による違い」についても、根拠となる数字が何もありませんでした。こんなことがあり得るのでしょうか…。

素人の研究ならいざしらず、国費（科研費）で行った研究なら、報告書に調査年と対象者数の両方とも書いていないはずはありません。ましてや、結論の根拠となる数字なら問題外です。もちろん、科研費に限らず、常識的に考えても、科学者の研究報告書なら、そんなことは絶対にあり得ないはず。しかし、このあり得ないはずのことが現実に起こってしまったのです。さらにおかしいのは、同じ報告書の中には疑似科学とされる「水からの伝言」についての説明があり、こちらでは、全ての数字がきちんと明記されているのです。となると——少々考えにくいことですが——何らかのミスではなく、「血液型」だけ具体的な数字を〝意図的〟に書き入れなかったのでしょうか？[★3]

そんなことを考えてもしようがないので、自分で計算するしかありません。結果はというと、なんと約23万人となり、前代未聞の大人数になってしまったのです！

もっとも、武藤氏らの研究の対象となったのは、日本人の38・1％を占めるA型と21・8％のB型だけです。この2つの血液型を合計しても、全体の6割足らずに過ぎません。だから、実質的な対象者は**10万人余り**と考えるのが妥当でしょう。それでも、「史上最大」のデータであることには間違いないのです。

★1　山崎賢治・坂元章「血液型ステレオタイプによる自己成就現象—全国調査の時系列分析—」『日本社会心理学会第32回大会発表論文集』1991年（☞概要は190頁を参照）

★2　武藤浩二・長島雅裕ほか「教員養成課程における科学リテラシー構築に向けた疑似科学の実証的批判的研究」『科研費研究成果報告書』2011年度、2012年

★3　その後の情報によると、〝社会的な影響〟を考慮して、意図的に非公開にしたらしいです。

調査対象者数の推定

調査時期（年）	1年の対象者数	調査人数（人）
1978 － 1992	3,100 人 × 2回	93,000
1993 － 1999	3,500 人 × 2回	49,000
2000 － 2001	7,400 人 × 1回	14,800
2002 － 2006	7,400 人 × 1回	37,000
2007 － 2011	7,400 人 × 1回	37,000
合計		**230,800**

【調査対象者の推定方法】

JNN データバンクのホームページを調べた結果、2013 年の最新版データにも使われたすべての項目が存在していることが確認できました。そこで、2011 年まで（研究成果報告書の最終年度）のそれぞれの調査年数と調査対象者数を算出し、合計人数を推定してみました。

性格検査のつくり方

ビッグファイブ性格検査は、実際にはどうやって作るのでしょう。心理学者も含めて、この質問に答えられる人は多くはないと思います。そのためかどうか、性格検査は、血液型や遺伝子の差を正確に測定できる、と素直に信じている人も多いようです。

しかし、ちょっとでも内容を知っているなら、血液型や遺伝子の差が出にくいことが簡単に納得できます。ここでは数学を使わずにさらっと説明しますので、詳しく知りたい方は、ぜひ専門書に当たってみてください。★1

ビッグファイブ検査には、名前のとおり5つの性格因子（ビッグファイブ）がありま す。この因子は、何百何千もの性格を表す言葉の中から、「因子分析」という数学的手法を使って導出したものです。簡単に言うと、同じような傾向の言葉を一つのグループにまとめ、最終的に5つに大分類するということです。なお、ある言葉と正反対の言葉（たとえば「内向的」と「外向的」）は同じグループにします。ここまでは直感的にわかるでしょうか。

しかし、現実の性格検査で、これらの何百何千の質問をするのは非現実的です。そこで、次のステップで、実際の性格検査の質問項目に採用する言葉の絞り込みを行います。普通は、一つの性格因子は、最大でも数十の言葉（質問）までとしています。

具体的なやり方ですが、多くの人にその言葉にあてはまるかどうか質問し（例えば1～5点の5段階評価）、それらの回答が、

① 平均が50％に近い
② 数値のばらつきが大きい
③ 正確な回答が期待できる
④ その因子に対して影響力（正確には因子負荷量）が大きい

といった数々の条件を満たすものをピックアップします。血液型の特徴は、性別や年齢より差が小さく、数も少ないため、最終候補に残るものは数えるほどしかありません。韓国のケースだと40項目中10項目、日本では60項目中3項目でした（☞216頁と221頁を参照）。このように、ビッグファイブ性格検査では、元々血液型で差が出ない質問項目が大部分なのです。だから、いくら頑張って分析しても、差が出るはずがありません。どうしても差を確認したいなら、元々の何百何千の言葉を全部使うしかない

のです。繰り返しますが、これは理論的・原理的な問題なので、ビッグファイブ性格検査を使う以上しようがないと思います。

逆に言えば、単独の言葉（質問）なら、差が出ることになります。私は、過去のデータなどから、間違いなく血液型の差が出そうな質問を選んだため、予想どおりの結果が得られました。第七章で説明したように、自己報告をベースにした性格検査なら、原理的に必ず血液型の差が現れます。武藤・長島氏らの調査のように、何十万人ものデータの裏付けがあるのです。逆に、第八章のように差が出ないとすると、その性格検査は明らかに「欠陥商品」です。これらは、調査データを解析してわかるというような話ではなく、理論的にそうだということです。

奇妙なことに、こういう話はよほど都合が悪いのか、ほとんどの心理学者は無視しています。どうやって納得してもらえばよいのでしょうか……。

★1　日本語なら、村上宣寛氏の『心理尺度のつくり方』（２００６年）や村上宣寛・村上千恵子氏共著の『主要５因子性格検査ハンドブック』（三訂版　２０１７年）がおすすめです。

なお、後者の８ページには「心理学者が血液型性格学に基づいて検証を試みたが、誰一人、能見の学説を確認できなかった」とありますが、これは確認ミスです。たとえば、韓国の心理学者の論文（Sung Il Ryu, Young Woo Sohn, A Review of Sociocultural, Behavioral, Biochemical Analyses on ABO Blood-Groups Typology, 2007）があります。また、心理学者より権威がある土嶺章子氏らの２０１５年英語論文は、２８５頁に紹介したとおりです。どちらも、この本が発行された２０１７年より前なので、チェックは十分可能でした。ひょっとして、そんなこととは関係なく、意地でも認めないということなのでしょうか……。

遺伝子と性格の謎

人間の遺伝子の働きを、自動車の部品にたとえると、どうやら現実のデータがうまく説明できるようです。ヒトの遺伝子の数は、2万数千種類と推定されています。平均的な自動車の部品数は、たまたまでしょうが、ほぼ同じ3万点程度です。

「ヒトの体質や気質・性格＝自動車の性能」は、基本的に遺伝子＝部品によって決まります。現在では、身長、体重、性格などは、単一の遺伝子で決まるのではなく、多くの遺伝子（ポリジーン）が関わっていると考えられています。[★1,★2] つまり、一つの遺伝子の影響はかなり小さいのです。自動車の性能も同じで、一つの部品だけ高性能にしても、必ずしもトータルの性能が向上するわけではありません。

わかりやすい例として、自動車の最高スピードについて考えてみましょう。最高スピードを上げるためには、エンジンだけを高性能にしても意味がありません。トランスミッション、タイヤ、はてはボディの空力抵抗や制御ソフトなど、トータルバランスが極めて重要です。仮にタイヤだけ高性能にしても、非力なエンジンでは最高スピードは上がりません。遺伝子も同じだとすると、一つの遺伝子の働きは非常に限定されることになります。これは、一つの遺伝子が、「性格検査の性格因子＝トータルの性能」に与える影響が極めて小さいことをうまく説明できます。

性格に対する遺伝の影響は、ふたご研究などの結果により、環境とほぼ同じ50％とされています。そこで、最新のバイオテクノロジーを使って、ＧＷＡＳという全遺伝子（正確には遺伝子を構成する塩基対）の共通性を調べて、性格の遺伝率を計算した研究があります。★1★2 しかし、遺伝で説明できるのは、せいぜい全体の10～20％でした。本当は50％のはずなので、意外と小さいのです。

この謎も、「ヒトの体質や気質・性格＝自動車の性能」だと考えるとスムーズに説明できます。自動車の最高スピードに関係するのは、３万点の部品の一部に限られるでしょう。大きく影響するのは走行系の部品だけで、内装のグレードを上げてもしようがありません。だから、トータルの部品の共有率が上がっても、必ずしもそれに比例して最高スピードは上がらないのです。逆に、走行系の部品の共有率さえ高ければ、他の部品に関係なく最高スピードは上がることになります。

また、他の遺伝子とは違い、血液型の影響度が大きいことも説明できます。血液型は普通の部品ではなく、制御ソフトやガソリンだと考えるのです。他の部品がまったく同じでも、制御ソフトを改良したり、ハイオクガソリンを入れたりすれば、自動車の性能は向上します。ただ、何十％も変わるわけではありません。参考までに、血液型は胎児期の脳に大量に発現しているので[★3]「制御ソフト＝人間の脳神経系」にエピジェネティックス的な影響を与えている可能性があります[★4]。

もちろん、これらは実証されたわけではなく、あくまで私の仮説に過ぎません。しかし、現実に起きている現象をうまく説明できることは確かです。

★1　安藤寿康『「心は遺伝する」とどうして言えるのか：ふたご研究のロジックとその先へ』２０１７年

★2　Robert Plomin, John C.DeFries, Valerie S.Knopik, Jenae M.Neiderhiser, Top 10 Replicated Findings from Behavioral Genetics, Perspectives on psychological science, 2016.

★3　Yoshiro Koda, Mikiko Soejima, Baojie Wang, Hiroshi Kimura, Structure and expression of the gene encoding secretor-type galactoside 2-alpha-L-fucosyltransferase (FUT2), European Journal of Biochemistry, 1997.

★4　金澤正由樹『血液型人間学のエッセンス』２０１７年

ランダムサンプリングの謎

私が行った調査は、千人から4千人のランダムサンプリングによるアンケートです。このデータで、血液型が性格に与える影響度（R^2やη^2）を計算してみると、せいぜい数%となりました。実感では、最低でも10%ぐらいはあるはずなので、意外に小さいと感じる人も多いかもしれません。

しかし、この数%という数値はおかしくないでしょうか。自分自身の例を出して恐縮ですが、私が血液型の差を実感するのは「ランダムサンプリング」ではありません。反対に、特徴が出やすいシチュエーションを意識的・無意識的に選択しているのです。

たとえば、その人がしゃべっているときには特徴が見つけやすいですよね。多くのA型（特に女性）は、相手によく気を遣い、にこやかでソフトな表情で話すので好印象です。このため、本心ではどう思っているのか、ちょっとわかりにくい感じもします。そういう場合にはA型と判断します。経験上、これはかなりの確率で当たります。B型（特に男性）の多くは、かざらぬ人柄で、相手にあまり気を遣わないタイプが多く、中には少々ぶっきらぼうな人もいます。A型とは反対に、話にウラがあるような気はしません。そういう場合はたいていB型です。O型は、表情が豊かで断定的な口調のせいか、ひとなつっこい印象の人が多いようです。AB型はソフトな表情はA型と似ていますが、A型によくあるタイプの、バックボーンがしっかりしていて、はっきり筋を通すような人は少数派です。

もちろん、これらはあくまで傾向ですから、私の経験だと半分も当たりません。しかし、「この人は絶対に×型だ」と強く確信した場合には、ほとんどすべて当たります。これらを具体的な数値に置き換えてみると、科学的な測定に不可欠な「ランダムサンプリング」とはかけ離れています。いや、まったく逆に、この本の第一部にあるような、スポーツ、政治、カルチャーといった、差が何十%も出ているレアケースに相当します。そして、たぶんこちらの方が実態に近いのです。となると、皮肉なことに、科学的であるはずのランダムサンプリングで得られた数値は、実態を正確に反映していないと言えるのではないでしょうか。

確かに、こう考えると、せいぜい数%の血液型の差を、7割の日本人が実感していても何の不思議もありません。もちろん、これらは心理学でいう「確証バイアス」[★1]という可能性もゼロではありません。しかし、そういう確証バイアスで感じたことは「思い込み」ではなく、本当は「事実」なのかもしれません。だとすれば、ランダムサンプリングというパーソナリティ心理学の枠組みそのものが、人間心理や人間観察の実態を把握するのに適していないということになります。また、血液型による性格の差は、数字の上では数％しかありませんが、実際にはもっと大きく、意外と生活に役に立つということかもしれません。

★1　自分の信じている仮説や信念を検証するときに、これを支持する情報ばかり集め、反対の情報を無視または集めようとしない傾向のこと。

ＡＩで血液型を当てる方法

ＡＩが「人の性格」の解明に与えるインパクトは、決して少なくないでしょう。

たとえば、既存データの再分析なら、意外にあっさりとできてしまいます。なぜなら、アマゾンのＡＩ（機械学習）なら、統計やプログラミングの知識がほとんどなくとも使えるからです。参考までに、私が行った「ＡＩで血液型を当てる方法」を簡単に紹介しておきます。

まず、血液型で差が出そうな質問を最低10個程度用意します。心理学の性格テストでは、簡易型なら項目が10個ぐらいのものもあるので、テスト的にやるなら、とりあえずこの程度で大丈夫です。もっとも、あまりにも質問項目が少ないと当たらないとは思いますが……。

そのほかに、非言語情報である性別や年齢は必須でしょう。また、それ以上に職業による影響も無視できません。

なお、これらのデータは、あらかじめ名義尺度（「はい」「いいえ」で回答するような、大小関係がない「名前」のようなデータ）と比例尺度（傾向があてはまるかどうかを1～5点で回答するような「数値」として扱えるデータ）に分けておきます。

実際のデータは、インターネット調査会社に頼めば、比較的簡単に入手できます。そういうデータを数千人程度用意し、あとはアマゾンのＡＩに読み込ませて自動的に分析させるだけです。私は、やり方をやさしく図解している「648 blog」というブログを参考にしました。

ただ、この「おまかせ」の方法にも問題がないわけではありません。現在ＡＩで主流の「ディープラーンニング（深層学習）」という手法では、なぜ血液型を当てられるかがわからないのです。なお、今回私が使ったものは、多項ロジスティック回帰というアルゴリズムなので、そういう問題はありません。いずれにせよ、どのような質問項目を選べばうまく当たるのか、あるいは男女や年齢にどの程度の影響があるのかは、結果を眺めればある程度は判断できます。よって、どのようにして血液型が当たるようなデータを選ぶかが肝心だということになります。

AIが拓く性格分析の可能性

心理学における性格は、実際にはどのように定義されているのでしょうか。厳密に説明すると相当面倒なので、これまたざっくり説明しておきます。

現在主流となっている方法では、性格を表す何千何万の「言葉」から、同じような意味の言葉をグループ化して「性格因子」としています。学問的に厳密に説明すると、多変量解析法の一つである「バリマックス回転」や「プロマックス回転[★1]」という手法を使って性格因子を抽出しているのです。

いまのところ、心理学の定説としては、性格因子は大きく分けると5つあるということになっていて、そのとおり「ビッグファイブ[★2]」という名前で呼ばれています。

もっとも、多変量解析を知っている人はおわかりでしょうが、この方法には理論的な限界もあります。というのは、バリマックス回転（プロマックス回転）は、関係性をグラフにすると直線になる「線形」のモデルを想定しているからです（図A）。

しかし、人の性格がそんなに単純なはずはありません。実際には、関係性は直線ではなく曲線を描くこともあるはずで、つまり「非線形」になるはずです（図B）。ところが、バリマックス回転（プロマックス回転）では、非線形のモデルは想定していないため、きちんと分析できません。ですから、この方法で仮に「性格因子」を導出できたとしても、必ずしも現実に沿ったモデルだという保証はないのです。

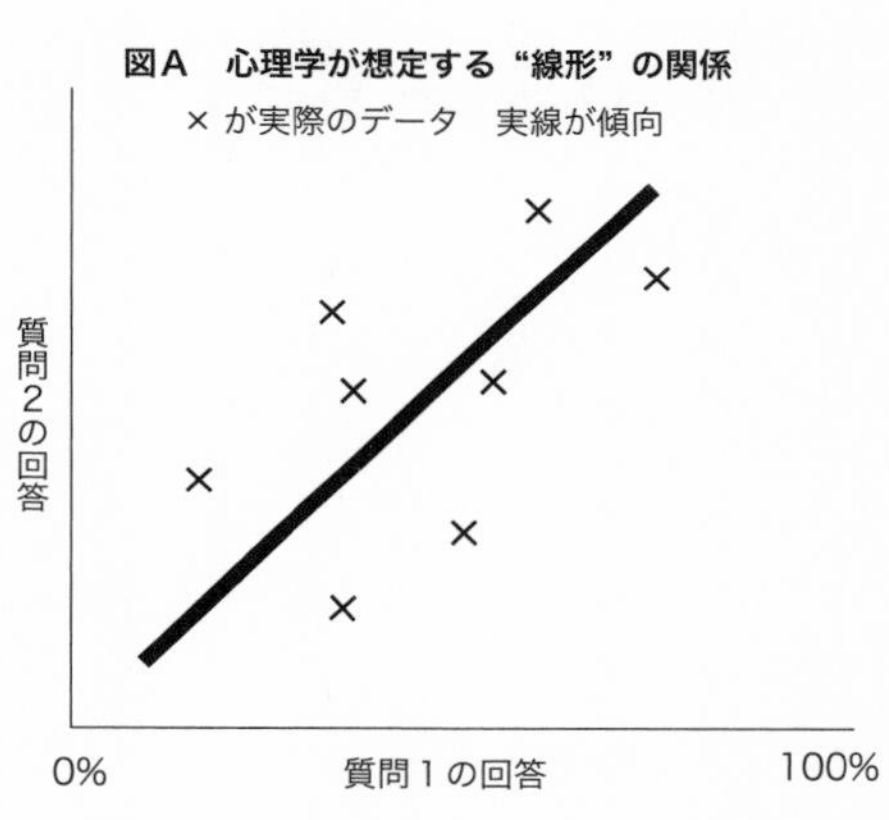

質問１と質問２の関連性は線形なので、同じ性格因子とする。
☞バリマックス回転で性格因子を抽出可能

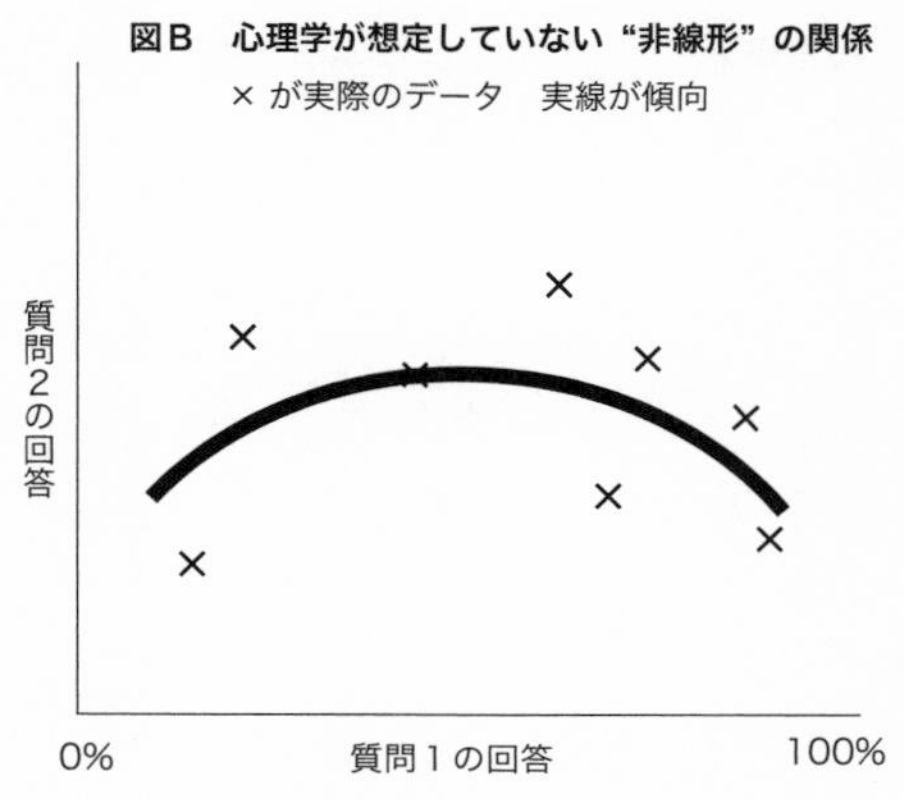

質問１と質問２の関連性は非線形であるため分析不能。
☞バリマックス回転では非線形の性格因子は抽出**不可能**

実際にも、この本に限らず、川本・小塩氏らの研究でも、同じ性格因子を構成する個々の項目の関連性が非線形である可能性は示唆されています。また、性別や年齢が性格に与える影響は「非線形」であることも明らかです（☞１８７頁）。このことは、個々の質問では明確に血液型による差が出ているのに、心理学で主流の「ビッグファイブ」性格検査では、なぜかうまく差が出ていない事実とも一致します（☞２１３頁「性格テストでは差が出ない」を参照）。

２２８頁にも書きましたが、「心配性で、うろたえやすい」と「冷静で、気分が安定している」は、言葉としての意味は正反対です。しかし、どちらもＡ型の性格だと回答した人が最多でした。まさに、人の性格は「非線型」なのです。

そこで、ＡＩの長所が生きてきます。ＡＩは、少なくとも原理的には、非線形のデータもうまく分析することが可能です。ただ、その代わりといってはなんですが、大量の学習用データが必要となります。

もう少し具体的に説明しておきましょう。たとえば、土嶺章子氏らのデータ[★3]は、ＤＮＡを鑑定して血液型を判定しているので、ＡＩで分析すれば、直接的に遺伝子と性格の関係性を分析できるはずです。この論文では、ＴＣＩという心理学の性格テスト（性格因子）を使っているのですが、個別の質問をＡＩで分析すれば、かなり面白い結果が出る可能性もあります。

繰り返しになりますが、単一の遺伝子の影響は、従来考えられていたよりはるかに小さいようです。だから、「性格因子」レベルで分析しても、おそらく意味のある結果は出てきません。このことは、既に「26万人」のネイチャーの研究などで実証済みです。たぶん、これから分析すべきなのは個別の質問項目でしょう。

これまで説明したように、遺伝子の影響が非線形な相互作用だとすると、オーソドックスな線形代数的手法を使って「まとも」に分析するのも考えものです。私が思いついたのは、第五章で説明したように、ＡＩの学習データに遺伝子のデータを加えたり除いたりして、予測にどのような影響が出るか調べることです。このためには、膨大な「ビッグデータ」が必要になり、コンピューターシステムはそういう「試行錯誤」に対応できるものを用意しなければなりません。とはいっても、現在の技術水準なら決して不可能ではないでしょう。もし、ビッグファイブ性格検査の単独項目のデータがあるなら、回答者の遺伝子情報と組み合わせて分析すれば、非常に面白い結果が得られる可能性もあるはずで、現在英語論文を執筆中です。

現在のＡＩは万能ではないので、注意しなければならない点も少なくありません。たとえば、「偏った」データを学習させると、いわゆる「がっかりＡＩ」でおかしな結果になることもあるのです。

有名な話ですが、アマゾンで社員の採用にＡＩを使ったところ、女性にはさっぱり効果が出なかったそうです。その理由は、アマゾンの社員には男性が多かったからで、結果的に女性の評価が低くなってしまったのだそうです。

このように、ＡＩは万能ではなく、きちんと有効性をチェックしないとダメなのです。前述したように、いまのところ主流となっている「ディープラーニング」では、なぜ血液型を当てられるかがわからないという欠点もあります。

いずれにせよ、心理学でのＡＩの活用はまだまだ発展途上なので、これからいろいろと面白いことができそうですね。

★1　X軸とY軸を回転させて、全因子による分散（Variance）を最大（Maximun）にする方法であるため、バリマックス（Varimax）回転と呼ばれる。データの傾向を説明できる「因子」を抽出する場合に多く使われる。プロマックス回転も基本的には同じだが、複数の回転させる軸を直交させずに因子の導出を行う。

★2 学者によって微妙に違うが、一般的には「神経症傾向（N）」「外向性（E）」「経験への開放性（O）」「協調性（A）」「誠実性（C）」とされている。

★3 Shoko Tsuchimine, Junji Saruwatari, Ayako Kaneda, Norio Yasui-Furukori, ABO Blood Type and Personality Traits in Healthy Japanese Subjects, PLOS ONE, 2015.

私が英語論文を書いた理由

私の査読付き英語論文は3編だけなのですが、実際に審査をパスするために使った、ちょっとしたテクニックを書いておきます。英語論文というと、日本人には非常に敷居が高いように感じますが、全くそんなことはありません。実は、日本語の方がはるかに面倒なのです。

日本語の学術誌は、学会や研究機関が昔ながらの紙ベースで発行しているものが多く、投稿にするためには、学会に入会するか、きちんとした組織に所属する必要があります。ましてや「血液型」などという怪しげな内容（苦笑）なら、査読に回ることはまずありません。これは、多くの人が指摘しているとおりで、実情は終章にも書いたとおりです。

現在、英語論文で主流となっているのは、昔ながらの紙ベースではなく、オンラインの学術誌（オープンアクセスジャーナル）です。査読前論文＝プレプリントのように査読がないものは、よほどおかしな内容でなければ、電子的に投稿すると1週間ほどで公開されます。英語のジャーナルはマーケットが大きいので、レベルもピンからキリまであり、必ずしも英語論文だから日本語よりレベルが高いというわけでもありません。私のような独立系の研究者の論文も受け付けてくれますし、たまたま（運悪く？）心理学者が査読者にでもならない限り、内容が「血液型」だからという理由だけで門前払いになることもありません。

一方、少し面倒なこともあります。オープンアクセスジャーナルは誰でも無料で閲覧できるため、ＡＰＣという数万円から数十万円の論文掲載料を、執筆者自身が支払う必要があります（掲載されない場合は支払い不要）。また、よほど英語に自信がない限り、ネイティブの添削が必要で、数万円を出して校正を頼まなければなりません。そのほか、日本語の論文ではほとんど要求されない「倫理審査委員会」の承認を求められることがあります。ジャーナルによっては必須ではない場合もあるので、実際に受理された論文をいくつか読んで判断してください。私は承認が不要な理由を書いてＯＫになりました。

しかし、かつては最大のボトルネックだった、英語の文章を書く環境は激変しています。機械翻訳が大幅にパワーアップしたため、日本語の論文さえ書ければなんとかなるのです。私はDeepLというシステムを使いました。正直な話、必死で取った英検一級やTOEIC900点レベルの人間（私・苦笑）より、はるかに英語らしい文章ができ上がります。出力された文章を読み込んで、冠詞などの明らかにおかしな単語を修正すれば、本当に実にあっさりと書けてしまいます。もはやSFの世界です。

最も苦労したのは、投稿するジャーナルの選択です。有名なジャーナルでは、査読者となった心理学者が〝難癖〟を付けてくることがあります。某ジャーナルでは、4人の査読者が付き（普通は2人程度）、60問もの質問（普通は10問程度）が寄せられました。明らかにおかしな内容のものも含め、真面目に全部回答したら、査読者全員が〝多忙〟とのことで何の返事ももらえず、結局このジャーナルからは論文を撤収しました。

しようがないので、過去に血液型に肯定的な論文が掲載されているジャーナルを探し、心理学者に査読が回らないようにいろいろと工夫したところ、やっと5回目の挑戦でOKになりました。今回掲載されたジャーナルは、さほどレベルは高くないのですが、旧帝大クラスの大学や国立研究機関も投稿しているので、私には十分と思っています。以後は、多くのジャーナルから投稿依頼のDMが大量に来るようになりました（苦笑）。

これが、日本語で論文を投稿した場合には、ほぼ１００％の確率で門前払いになるのですから、私にとっては英語論文の方がはるかに魅力的です。電子的に提出するので、手間も時間も節約できます。「血液型人間学」は、日本で生まれ日本で育ちました。私もぜひ日本語で論文を書きたかったのですが、そういう残念な事情で、現実には英語しか選択肢がありません。もっとも、いったん楽なことに慣れてしまうと、日本語の論文は面倒なので書く気になれないというのも正直なところです。最初に書いたＡＰＣ（論文の掲載料）は、私が投稿した出版社は３６０ドル（または３００ドル）だったので、日本の学会に何年も入会するより割安かもしれません。

最後に一つだけ。査読付きのジャーナルに投稿する場合は、どんな査読者に当たりそうか、事前に調べておきましょう。特にＡＩ関係の論文は要注意です。ＡＩの専門家や心理学の専門家はいますが、ＡＩと心理学の両方に精通している専門家はほとんどいません。査読付きのジャーナルで査読者が付かないというのでは話になりません。実際に、某ジャールルに投稿したときには、そういう間抜けなことが起きました。

以上でおわかりのように、血液型と性格の論文は日本語で書いてもあまり意味がないのです。ここまで読んでいただけた読者の皆さんも、ぜひ英語論文にトライしてみてはいかがでしょうか。

最後に、ここまで読んでいただいた読者の方々に深く感謝するとともに、性格テストで気になった点を書き留めて締めくくりたいと思います。

○質問項目のうち、血液型の差が出るのはごく一部

○これら何百もの質問項目を「性格因子」に集約するため、見かけ上は血液型の差が出なくなる

○「反転項目」（反対の意味の項目）には、「非反転」の結果もある

○性格テストで測定しているものの大部分は、「性格感度」（性格への感受性）であり、性格そのものは意外に少ない

○「反転項目」も「非反転項目」も、性格感度が高いほどスコアが上がるのが一般的

(例) 心配性で、うろたえやすい vs 冷静で、気分が安定している

○男女・年齢などの影響は血液型より大きく、条件が違うと結果はバラバラ

○血液型の差に気づく状況は限定されるため、心理学で一般的なランダムサンプリングでは差が出にくい

主な参考文献

■単行本

《日本語》

能見正比古『血液型でわかる相性』1971年
能見正比古『血液型人間学』1973年
能見正比古『血液型愛情学』1974年
能見正比古『血液型活用学』1976年
能見正比古『血液型エッセンス』1977年
能見正比古『血液型政治学』1978年
能見正比古『新・血液型人間学』1978年
能見正比古『血液型と性格ハンドブック』1981年
能見正比古（市川千枝子）『血液型人間学』2009年
金澤正由樹『統計でわかる血液型人間学入門』2014年／電子書籍2019年（追補あり）
金澤正由樹『B型女性はなぜ人気があるのか』2016年

金澤正由樹『血液型人間学のエッセンス』２０１７年
金澤正由樹『「血液型と性格」の新事実』２０１９年
前川輝光『血液型人間学　運命との対話』１９９８年
前川輝光『A型とB型　二つの世界』２０１１年
白佐俊憲・井口拓自『血液型性格研究入門』１９９３年
竹内久美子『小さな悪魔の背中の窪み』１９９４年
藤田紘一郎『血液型の科学』２０１０年
藤田紘一郎『血液型と免疫力』２０２１年
永田宏『血液型で分かる なりやすい病気・なりにくい病気』２０１３年
岡野誠『血液型人間学は科学的に実証されている！』２０１６年
山上一『消えるB型』２０１８／２０２１年
松田薫『「血液型と性格」の社会史』１９９１／１９９４年
大村政男『血液型と性格』１９９０／１９９８／２０１２年
詫摩武俊・佐藤達哉・渡邊芳之編集『現代のエスプリ　血液型と性格』１９９４年
山岡重行『ダメな大人にならないための心理学』２００１年

《英語》
Toshitaka Nomi, Alexander Besher　You are Your Blood Type, 1988.
Masayuki Kanazawa　Blood Type and Personality 3.0, 2018.
Chieko Ichikawa, Slobodan Petrovski　ABO system of blood types and positions in soccer team, 2018.
Peter J. D'Adamo　Eat Right for Your Type, 1996.
Peter J. D'Adamo　Live Right for Your Type, 2001.
Heather Collins Grattan（Author）, Joseph Christiano（Foreword）　The Compatibility Matrix: The Qualities of Your Ideal Mate, 2011.
Fred Wong & Eugenia Wan　Bloody AI Alchemist: The Origin of Happiness is Fusion of Blood Type Personality & Artificial Intelligence, 2017.

■論文

《日本語》
山崎賢治・坂元章「血液型ステレオタイプによる自己成就現象—全国調査の時系列分析—」『日本社会心理学会大会発表論文集』１９９１年
松井豊「血液型による性格の相違に関する統計的検討」『東京都立立川短期大学紀要』１９９１年

渡邊席子「血液型ステレオタイプ形成におけるプロトタイプとイグゼンプラの役割」『社会心理学研究』１９９４年
菊池聡「不可思議現象心理学９　血液型信仰のナゾ　後編」月刊『百科』１９９８年3月号
白佐俊憲「血液型性格判断の妥当性の検討（2）」『北海道女子大学短期大学部研究紀要』１９９９年
大阪大学21世紀ＣＯＥ・池田新介・大竹文雄・筒井義郎「選好パラメータアンケート調査」（２００４年度日本）ＳＲＤＱ事務局編「ＳＲＤＱ—質問紙法にもとづく社会調査データベース〈http://srdq.hus.osaka-u.ac.jp〉」ほか
山岡重行「血液型性格項目の自己認知に及ぼすＴＶ番組視聴の効果」『日本社会心理学会大会発表論文集』２００６年
久保田健市「潜在的な血液型ステレオタイプ信念と自己情報処理」『日本社会心理学会大会発表論文集』２００７年
情報学部広報学科３年松崎宏美「性格と恋愛にみる血液型効果」『文教大学情報学部社会調査ゼミナール研究報告』２００８年
山岡重行「血液型性格判断の差別性と虚妄性自主企画②」『日本パーソナリティ心理学会発表論文集（２００９年11月28日）』２００９年
工藤恵理子「自分の性格の評価に血液型ステレオタイプが与える影響」『日本社会心理学会

大会発表論文集』２００９年
清水武・石川幹人「ＡＢＯ式血液型と性格との関連性―主要5因子性格検査による測定」『構造構成主義研究』２０１１年
清水武「心理学は何故、血液型性格関連説を受け入れ難いのか―学会誌査読コメントをテクストとした質的研究」『構造構成主義研究』２０１１年
武藤浩二・長島雅裕ほか「教員養成課程における科学リテラシー構築に向けた疑似科学の実証的批判的研究」『科研費研究成果報告書　２０１０年度～２０１１年度』２０１２年
大村政男・浮谷秀一・藤田主一「『血液型性格学』は信頼できるか（第30報）Ⅰ　衆議院議員に血液型の特徴が見られるか」『日本応用心理学会大会発表論文集』２０１３年
藤田主一・大村政男・浮谷秀一「『血液型性格学』は信頼できるか（第30報）Ⅲ　アスリートに血液型の特徴がみられるか」『日本応用心理学会大会発表論文集』２０１３年
浮谷秀一・大村政男・藤田主一「『血液型性格学』は信頼できるか（第31報）国技大相撲の力士の血液型」『日本応用心理学会大会発表論文集』２０１４年
縄田健悟「血液型と性格の無関連性―日本と米国の大規模社会調査を用いた実証的論拠―」『心理学研究』２０１４年
川本哲也・小塩真司・阿部晋吾・坪田祐基・平島太郎・伊藤大幸・谷伊織「ビッグ・ファイブ・パーソナリティ特性の年齢差と性差―大規模横断調査による検討―」『発達心理学研

究』２０１５年
長島雅裕「科学教育教材としての『血液型性格判断』」『理科の探検』２０１５年４月号

《英語》

Akira Sakamoto, Kenji Yamazaki　Blood-typical personality stereotypes and self-fulfilling prophecy: A natural experiment with time-series data of 1978-1988, In Y. Kashima, Y. Endo, E. S. Kashima, C. Leung & J. McClure (Eds.), 2004.

Beom Jun Kim, Dong Myeong Lee, Sung Hun Lee and Wan-Suk Gim, Blood-type distribution, Physica A: Statistical and Theoretical Physics, 2007.

Donna K. Hobgood　Personality traits of aggression-submissiveness and perfectionism associate with ABO blood groups through catecholamine activities, Medical Hypotheses, 2011.

Shoko Tsuchimine, Junji Saruwatari, Ayako Kaneda, Norio Yasui-Furukori, ABO Blood Type and Personality Traits in Healthy Japanese Subjects. PLOS ONE, 2015.

《韓国語》

So Hyun Cho, Eun Kook M. Suh, Yoen Jung Ro　Beliefs about Blood Types and Traits and their Reflections in Self-reported Personality, Korean Psychological Association, The Korean Journal of

Social and Personality Psychology, 2005.

Hyun Duk Joo, Se Nny Park, Does Love Depend on Blood Types?: Blood Types, Love Styles, and Love Attitudes, The Korean Psychological Association, Korean Journal of Social and Personality Psychology, 2006.

In Sook Yoon, Hye Jong Kim, The Relationship between Types of Leisure Activity and Blood Types - Focus on Collegians of Public Health Departments and Non-Public Health Departments of DHC, 2006.

Sung Il Ryu, Young Woo Sohn, A Review of Sociocultural, Behavioral, Biochemical Analyses on ABO Blood-Groups Typology, Korean Psychological Association, The Korean Journal of Social and Personality Psychology, 2007.

Choong-Shik Kim, Seon-Gyu Yi, Kim Chun-shik, A Study on the effects of one's blood type on emotional character and antistress of adults, Journal of the Korean Academia-Industrial Cooperation Society, 2011.

Yong Kee Kwak, Chun Sung Youn, A Study on the Correlation between Korean Geometry Psychology Type and Blood, 2015.

■ホームページ

ABO WORLD

ABO FAN

漫画全巻ドットコム

血液型別将棋棋士一覧

インターワイヤード　DIMSDRIVE　「あなたの行動や思考と対人関係」に関するアンケート（２００４年）

648 blog Amazon ML でプログラミング不要の機械学習&簡単データ解析

疑似科学とされるものの科学性評定サイト

Answers.com

Peter J. D'adamo　インターネット調査　２００1年

【プレスリリースの URL】

https://prtimes.jp/main/html/rd/p/000000001.000076346.html

【論文の要約より】

The influence of genetic factors on personality has been actively studied for several decades. However, there is no scientific consensus about the specific genes involved, since the previous studies using multiple-item measures yielded inconsistent results. In this study, we conducted an analysis based on the phenotype of the ABO gene using single-item measures with a large amount of data. The result of our large-scale survey (N = 3,750) showed that respondents displayed the personality traits corresponding to their own blood type more strongly than respondents who had different blood types did. This finding was consistent across all traits, and all differences were statistically significant. In our survey, the same differences in scores were found in the groups who had no knowledge of blood type personality theory, although the values were smaller. Meanwhile, the sample in this study was limited to Japa-nese populations. Additional research using a large, more global dataset is needed.

【論文の URL】

http://article.sapub.org/10.5923.j.ijpbs.20211101.02.html

英語論文１

Relationship between ABO Blood Type and Personality in a Large-scale Survey in Japan, International Journal of Psychology and Behavioral Sciences, 2021.

【プレスリリースより】

「血液型と性格」の関連性を 60 万人超のデータで実証
～英語論文では世界初 *1 ～

2021 年 3 月 24 日

一般社団法人ヒューマンサイエンス ABO センター（東京都中央区 代表理事 市川千枝子）の研究員である金澤正由樹は、「ネイチャー」など計 60 万人以上のデータと、これを補完する 4,000 人の独自調査に基づき、血液型と性格の関連性を心理学的に実証しました。これまでの研究結果を統一的に説明できる英語論文としては、世界初のものとなります[*1]。

*1 ヒューマンサイエンス ABO センター調べ 2021 年 3 月現在

【プレスリリースの URL】

https://prtimes.jp/main/html/rd/p/000000002.000076346.html

【論文の要約より】

The relationship between blood type and personality has long been one of the more challenging issues of scientific studies. Several large-scale surveys were conducted to address the issue, and some of them had shown statistically significant associations. Presently, more than half of Japanese people feel that the relationship is legitimate. This pilot study analyzed data from two large-scale surveys (Survey 1: N = 1,859, Survey 2: N = 3,750) to examine the relationship between blood type and personality. AI predicted blood types of participants more than by chance. The ANOVA results of large-scale surveys showed that respondents displayed the personality traits corresponding to their own blood type more strongly than respondents who had different blood types did. This finding was consistent across all traits, and all differences were statistically significant. The same differences in scores were found in the groups who reported no blood type personality knowledge, although the values were smaller. We observed a clear and significant relationship between blood type and personality in large-scale surveys.

【論文の URL】

http://article.sapub.org/10.5923.j.ajis.20211101.01.html

英語論文２

A Pilot Study Using AI for Psychology: ABO Blood Type and Personality Traits, American Journal of Intelligent Systems. 2021.

【プレスリリースより】

45％の確率で血液型を当てる性格分析 AI を開発
～英語論文では世界初＊～

2021 年４月６日

一般社団法人ヒューマンサイエンス ABO センター（東京都中央区 代表理事 市川千枝子）の研究員である金澤正由樹は、計 6000 人の性格データを分析し、最大 45％の確率で血液型を当てる AI の試作版を開発しました。AI を使った性格心理学の英語論文としては、世界初のものとなります＊。

＊ヒューマンサイエンス ABO センター調べ 2021 年３月現在

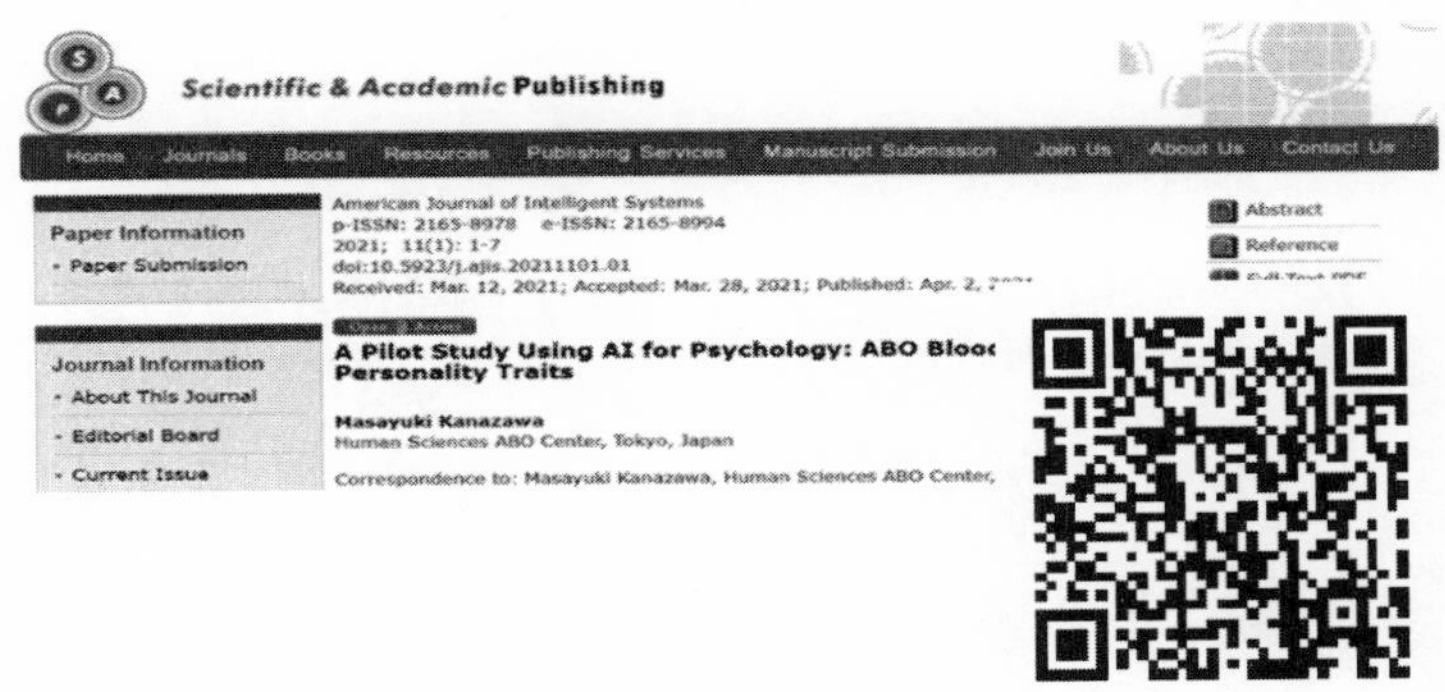

【プレスリリースの URL】

https://prtimes.jp/main/html/rd/p/000000003.000076346.html

【論文の要約より】

In Asian countries, e.g., Japan, South Korea, China and Taiwan, many studies on the relationship between ABO blood type and personality have been conducted. Recently, it has been estimated that more than half of Japanese, Korean and Taiwanese people feel that this relationship is legitimate. Therefore, when data from these countries are used in personality tests, it is theoretically difficult to eliminate the effects of the “contamination of knowledge,” even if differences are found. To avoid this issue, this study examined the linkage between ABO blood type andoccupations in Japan. The results showed that personality traits corresponding to blood type appeared in the data of each of the three groups of politicians and athletes, and all differences were statistically significant. We observed a clear and significant relationship between blood type and personality. Additionally, it is also necessary to consider the influence of social background.

【論文の URL】

https://doi.org/10.11114/ijsss.v9i5.5282

英語論文３

Linkage between ABO Blood Type and Occupation: Evidence from Japanese Politicians and Athletes, International Journal of Social Science Studies, 2021.

【プレスリリースより】
「O 型は首相が多く、球技も得意」などを統計データで実証
～英語論文では世界初 *1 ～

2021 年 8 月 28 日

一般社団法人ヒューマンサイエンス ABO センター（東京都中央区代表理事市川千枝子）の研究員である金澤正由樹は、過去 70 年以上のデータを解析し、「O 型は首相が多く、球技も得意」であることや、他人からの束縛を好まないため「B 型は個人競技に強い」ことなどを実証しました。これまでの研究結果を統一的に説明できる英語論文としては、世界初のものとなります *1。

*1 ヒューマンサイエンス ABO センター調べ 2021 年 8 月現在

RedFame

International Journal of Social Science Studies
Vol. 9, No. 5; September 2021
ISSN 2324-8033 E-ISSN 2324-8041
Published by Redfame Publishing
URL: http://ijsss.redfame.com

Linkage between ABO Blood Type and Occupation: Evidence from Japanese Politicians and Athletes

Masayuki Kanazawa[1]

[1] Human Sciences ABO Center, Tokyo, Japan

Correspondence: Masayuki Kanazawa, Human Sciences ABO Center, Tokyo, Japan.

【B 型のメダリスト】12 人

安藤美希子／ウェイトリフティング（銅）
荒賀龍太郎／空手（組手・銅）
大橋悠依／競泳（400 個人メ・金）（200 個人メ・金）
本多灯／競泳（銀）
阿部詩／柔道（金）
濱田尚里／柔道（金）
野中生萌／スポーツクライミング（銀）
水谷隼／卓球（ダブルス・金）
渡辺勇大／バドミントン（ダブルス・銅）
東野有紗／バドミントン（ダブルス・銅）
池田尚希／陸上（競歩・銀）

【AB 型のメダリスト】3 人

清水希容／空手（形・銀）
高藤直寿／柔道（金）
堀米雄斗／スケートボード（金）

【血液型不明】15 人

古川高晴／アーチェリー（銅）
山西利和／競歩（銅）
都筑有夢路／サーフィン（銅）
西矢椛／スケートボード（金）
四十住さくら／スケートボード（金）
橋本大輝／体操（個人総合・金）(鉄棒・金）

東京 オリンピック全メダリストの血液型

1 個人及びダブルス競技

【O 型のメダリスト】12 人

喜友名諒／空手（形・金）
梶原悠未／自転車（銀）
阿部一二三／柔道（金）
大野将平／柔道（金）
新井千鶴／柔道（金）
渡名喜風南／柔道（銀）
開心那／スケートボード（銀）
野口啓代／スポーツクライミング（銅）
村上茉愛／体操（ゆか・銅）
伊藤美誠／卓球（個人・銅）（ダブルス・金）
乙黒拓斗／レスリング（金）

【A 型のメダリスト】8 人

稲見萌寧／ゴルフ（銀）
五十嵐カノア／サーフィン（銀）
永瀬貴規／柔道（金）
ウルフアロン／柔道（金）
素根輝／柔道（金）
芳田司／柔道（銅）
中山楓奈／スケートボード（銅）
萱和磨／体操（あん馬・銅）

皇室の血液型

1　天皇皇后両陛下
天皇陛下 A 型
皇后陛下 (雅子様)A 型
敬宮愛子様 A 型

2　上皇上皇后両陛下
上皇陛下 A 型
上皇后陛下 (美智子様)A 型

3　秋篠宮家
秋篠宮皇嗣殿下 A 型
秋篠宮皇嗣妃殿下 (紀子様)A 型
眞子内親王殿下 A 型
佳子内親王殿下 A 型
悠仁親王殿下 A 型

4　その他
昭和天皇 AB 型
香淳皇后 (良子様) A 型
清子内親王殿下 A 型

入江聖奈／ボクシング（金）
並木月海／ボクシング（銅）
田中亮明／ボクシング（銅）
川井友香子・川井梨紗子・向田真優・須崎優衣／レスリング（金）
文田健一郎／レスリング（銀）
屋比久翔平／レスリング（銅）

2　団体競技

アーチェリー・男子古川高晴？・河田悠希？・武藤弘樹 A（銅）
柔道・混合 O3 A6 B3 AB0（銀）
濱田尚里 B・田代未来 A・新井千鶴 O・永瀬貴規 A・阿部詩 B・芳田司 A・大野将平 O・素根輝 A・ウルフアロン A・向翔一郎 B・阿部一二三 O・原沢久喜 A
ソフトボール・女子 O4 A6 B3 AB2（金）
体操・男子橋本大輝？・萱和磨 A・北園丈琉 A・谷川航 B（銀）
卓球・男子水谷隼 B・張本智和 O・丹羽孝希 O（銅）
卓球・女子伊藤美誠 O・石川佳純 O・平野美宇 O（銀）
バスケットボール・女子 O3 A5 B1AB3（銀）
フェンシング・男子エペ O2 A1 B1（金）
宇山賢 O・加納虹輝 A・見延和靖 B・山田優 O
野球・男子 O11 A7 B3 AB3（金）

〈著者紹介〉

金澤 正由樹（かなざわ まさゆき）

1960年代関東地方生まれ。ABOセンター研究員。
小学生のとき能見正比古氏の著作に出会い、血液型に興味を持つ。
以後、日本と海外の血液型の文献を研究。コンピューターサイエンス専攻。
数学教員免許、英検1級、TOEIC900点のホルダー。
著書：
『統計でわかる血液型人間学入門』（2014年、電子書籍2019年）
『B型女性はなぜ人気があるのか』（2016年）
『血液型人間学のエッセンス』（2017年）
『Blood Type and Personality 3.0』（2018年）
『「血液型と性格」の新事実』（2019年）
論文：
Relationship between ABO Blood Type and Personality in a Large-scale Survey in Japan（2021年）
A Pilot Study Using AI for Psychology: ABO Blood Type and Personality Traits（2021年）
Linkage between ABO Blood Type and Occupation: Evidence from Japanese Politicians and Athletes（2021年）

日本音楽著作権協会（出）許諾第2108475-101号

A New Statistical Guide to Blood Type Humanics（2nd Edition）

デジタル時代の「血液型と性格」
AIと60万人のデータが開けた秘密の扉

2021年10月26日初版第1刷印刷
2021年11月1日初版第1刷発行
著　者　金澤正由樹
発行者　百瀬　精一
発行所　鳥影社（www.choeisha.com）
〒160-0023　東京都新宿区西新宿3-5-12トーカン新宿7F
電話　03-5948-6470, FAX 0120-586-771
〒392-0012　長野県諏訪市四賀229-1（本社・編集室）
電話 0266-53-2903, FAX 0266-58-6771
印刷・製本　モリモト印刷

ISBN978-4-86265-929-3　C0095

定価（本体1500円+税）

乱丁・落丁はお取り替えします。